Der sorgfältige l
dem Wort der Wahrheit

Wie du die Bibel studieren und lehren kannst

Strebe eifrig danach, dich Gott als bewährt zu erweisen,
als einen Arbeiter, der sich nicht zu schämen braucht,
der das Wort der Wahrheit recht teilt.
2. Timotheus 2:15

Rob Dingman

line
upon
line

Der sorgfältige Umgang mit dem Wort der Wahrheit

Die Originalausgabe erschien 2016 unter dem Titel
"Handling Accuartely the Word of Truth"

©2018 Rob Dingman
Alle Rechte vorbehalten.
Übersetzt von Christina Süllau

ISBN 978-0-9571329-4-8
Herausgegeben von: Line Upon Line
www.calvarychapeltwickenham.com

Bibeltext der Schlachter
Copyright © 2000 Genfer Bibelgesellschaft
Wiedergegeben mit freundlicher Genehmigung.
Alle Rechte vorbehalten.

Psalm 49, 14 stammt aus der Revidierten Elberfelder Bibel
(Rev. 26) © 1985/1991/2008 SCM R.Brockhaus im SCM-
Verlag GmbH & Co. KG, Witten

Gestaltung von Hand-Maid Design, London
Schriftsatz in Adobe Jensen Pro,
mit Überschriften in Myriad Pro

Denen gewidmet,
die mir so viel beigebracht haben
und all jenen, von denen ich selbst lernen durfte,
als ich ihnen das Studieren und Lehren
der Bibel beigebracht habe

Inhaltsverzeichnis

Einleitung

Dieses Buch ist eine Fibel, die Grundkenntnisse vom Studieren und vom Lehren der Bibel vermitteln will. Es ist ein Anfang. Ein Pastor, der dieses Buch mit Männern seiner Gemeinde durchgearbeitet, erzählte mir, dass niemand davon abgeschreckt wurde. Ich nehme das als ein Kompliment. Ich hoffe, dass es dich ermutigen wird, die Bibel zu studieren und zu lehren.

Eigentlich hatte ich dieses Buch innerhalb kurzer Zeit für eine Pastorenkonferenz in Uganda geschrieben, an der ich aus gesundheitlichen Gründen nicht teilnehmen konnte. Es war nur eine kleine Auflage, die schnell vergriffen war. Andere Menschen haben es gelesen und mich gebeten, noch mehr davon zu drucken. Mein Dank gilt denen, die mich ermutigt haben.

Jesus sagt uns, dass wir den Herrn der Ernte um noch mehr Arbeiter bitten sollen, die Seine Ernte einholen werden. Dieses Buch kann dir dabei helfen, einer dieser Arbeiter zu werden. Pastoren: Gebt das Buch an Männer weiter, die ihr gerne im Dienst sehen würdet.

Wir werden uns den Arbeitsablauf einer Predigt ansehen. Am Anfang steht das Studium: Wie kann der Bibeltext wahrgenommen werden, wie interpretiert und wie praktisch angewendet? Dann setzen wir uns damit auseinander, wie wir die Ergebnisse des Studiums in eine Predigt fassen können.

Schließlich werden wir uns ansehen, welche Voraussetzungen dein Leben für eine authentische Lehre erfüllen muss. Ein Bibellehrer muss seine Verkündigung vorleben. Unser Leben wird die Wahrheit der Bibel entweder bestätigen oder ihr widersprechen. Deshalb müssen wir unseren Charakter genauso weiterentwickeln, wie unsere Fähigkeit zu lehren.

Das, was ich euch hier weitergebe, habe ich von vielen anderen Menschen lernen können. Wenn du etwas aus diesem Buch herausziehen kannst, solltest du es anschließend weitervermitteln. Möge Gott dich segnen, während du von Ihm lernst.

Rob Dingman
Pastor
Calvary Chapel Twickenham
London, England

1. Wie man den Menschen hilft, den Sinn zu verstehen

Dieses Kapitel stellt eine Art des Lehrens vor, durch die die Menschen Jesus Christus und die Botschaft der Bibel kennenlernen werden. Das Ziel dieser Art zu Arbeiten ist, durch die ganze Bibel zu lehren, durch ganzen Bücher der Bibel, Kapitel für Kapitel, Vers für Vers.

Es geht darum, den Sinn des jeweiligen Abschnittes zu erfassen, die darin vermittelten Prinzipien zu erklären und sie anschließend praktisch anwendbar zu machen.

Genau wie es in Nehemia 8 passiert. Wir lehren genau so, wie Esra und die anderen Leviten es getan haben, die uns ein gutes Beispiel dieser Methode geben.

1 Und als der siebte Monat nahte und die Kinder Israels in ihren Städten waren, da versammelte sich das ganze Volk wie ein Mann auf dem Platz vor dem Wassertor, und sie sprachen zu Esra, dem Schriftgelehrten, dass er das Buch des Gesetzes Moses holen solle, das der Herr Israel geboten hatte.

2 Und Esra, der Priester, brachte das Gesetz vor die Gemeinde, vor die Männer und Frauen und alle, die Verständnis hatten, um zuzuhören, am ersten Tag des siebten Monats.

3 Und er las daraus vor auf dem Platz, der vor dem Wassertor ist, vom hellen Morgen bis zum Mittag, vor den Männern und Frauen und allen, die es verstehen konnten; und die Ohren des ganzen Volkes waren auf das Buch des Gesetzes gerichtet.

4 Esra aber, der Schriftgelehrte, stand auf einer hölzernen Kanzel, die man zu diesem Zweck errichtet hatte, und neben ihm standen Mattitja, Schema, Anaja, Urija, Hilkija und Maaseja zu seiner Rechten, und zu seiner Linken Pedaja, Misael, Malkija, Haschum, Hasbaddana, Sacharja und Meschullam.

5 Und Esra öffnete das Buch vor den Augen des ganzen Volkes; denn er stand höher als das ganze Volk. Und als er es öffnete, stand das ganze Volk auf.

6 Und Esra pries den Herrn, den großen Gott; und das ganze Volk antwortete mit aufgehobenen Händen: Amen! Amen! Und sie verneigten sich und beteten den Herrn an, das Angesicht zur Erde gewandt.

7 Und Jeschua, Bani, Serebja, Jamin, Akkub, Sabbetai, Hodija, Maaseja, Kelita, Asarja, Josabad, Hanan, Pelaja, die Leviten, erklärten dem Volk das Gesetz, während das Volk an seinem Platz blieb.

8 Und sie lasen aus dem Buch des Gesetzes Gottes deutlich vor und erklärten den Sinn, so dass man das Gelesene verstand.

9 Und Nehemia — das ist der Statthalter — und Esra, der Priester, der Schriftgelehrte, und die Leviten, die das Volk lehrten, sprachen zu dem ganzen Volk: Dieser Tag ist dem Herrn, eurem Gott, heilig! Darum seid nicht traurig und weint nicht! Denn das ganze Volk weinte, als es die Worte des Gesetzes hörte.

10 Darum sprach er zu ihnen: Geht hin, esst Fettes und trinkt Süßes und sendet Teile davon auch denen, die nichts für sich zubereitet haben; denn dieser Tag ist unserem Herrn heilig; darum seid nicht bekümmert, denn die Freude am Herrn ist eure Stärke!

11 Und die Leviten beruhigten das ganze Volk und sprachen: Seid still, denn der Tag ist heilig; seid nicht bekümmert!

12 Und das ganze Volk ging hin, um zu essen und zu trinken und Teile davon zu senden und ein großes Freudenfest zu machen; denn sie hatten die Worte verstanden, die man ihnen verkündigt hatte.

Gottes Wort ist Israel wichtig

In Vers 1 wird der Schriftgelehrte Esra gebeten, das Buch des Gesetzes zu holen, das der Herr den Israeliten durch Mose gegeben hatte.

Es ist für das Leben der Israeliten von höchster Bedeutung. Gott hatte sie hart bestraft und nach Babylon ins Exil geschickt, weil sie Sein Gesetz missachtet hatten. 70 Jahre lang mussten sie fern von dem Land leben, das Gott ihnen gegeben hatte.

Jetzt war Gott ihnen gnädig. Er brachte sie zurück in ihr Land, doch ob sie dort wirklich bleiben konnten, hing von ihrem Gehorsam gegenüber Gott ab. Das Gesetz war darin unmissverständlich: Wenn sie Gott nicht gehorchten, würden sie wieder bestraft und aus dem Land geschickt werden.

In 5. Mose 32, 45 – 47 erklärt Mose dem Volk, wie wichtig das Wort Gottes ist:

„Und als Mose dies alles zu ganz Israel geredet hatte, da sprach er zu ihnen: Nehmt zu Herzen alle Worte, die ich euch heute bezeuge, damit ihr sie euren Kindern gebietet, dass sie darauf achten, alle Worte dieses Gesetzes zu befolgen. Denn es ist kein leeres Wort für euch, sondern es ist euer Leben, und durch dieses Wort werdet ihr eure Tage verlängern in dem Land, in das ihr über den Jordan geht, um es in Besitz zu nehmen!" Es war für sie lebenswichtig, Gottes Wort zu kennen und zu befolgen.

Wer nimmt das Wort auf? Alle, die verstehen

Wir sehen in Vers 2, wer das Gesetz angenommen hat: Diejenigen, die verständig zuhören können. In Vers 3 steht nochmal, dass es denen gilt, die Herz und Verstand haben, die nicht nur mit den Ohren hören, sondern es auch verstehen.

Gott möchte, dass wir Sein Wort verstehen. Er hat uns einen Verstand gegeben, um zu denken, zu erkennen und zu verstehen. Und Gottes Wort ist das Größte, über das wir nachdenken und das wir erfassen können.

Ich habe festgestellt, dass die Menschen die Bibel weitaus besser verstehen können als sie es sich zutrauen. Ich sollte mal eine Bibelstunde in einer Drogenentzugsklinik halten. Der Leiter der Einrichtung sagte mir, ich solle mich kurz fassen: „Diese Menschen haben so viele Drogen konsumiert, dass sie nur eine kleine Aufmerksamkeitsspanne haben."

Also wollte ich die Bibelstunde so lange halten, wie ich ihre Aufmerksamkeit hatte. Ich konnte ganze 40 Minuten lang über 4. Mose 21, 4-9 reden, die Geschichte von der Bronzeschlange in der Wüste. Damit wollte ich ihnen erklären, was Jesus in Johannes 3, 14-15 meinte, als Er Seinen Tod mit dem dieser Schlange verglich.

Später zeigte sich der Leiter sehr erstaunt darüber, dass mir die Teilnehmer so gut zugehört haben und er sagte immer wieder, dass er gar nicht verstehen könne, wie das möglich sei. Doch diese Geschichten aus der Bibel sind spannend und ziehen die Aufmerksamkeit der Zuhörer auf sich, solange wir es schaffen, die Botschaft sorgfältig zu beschreiben und sie deutlich zu vermitteln.

Die Menschen waren aufmerksam

In Vers 3 heißt es, dass die Ohren der Menschen aufmerksam auf das Gesetz gerichtet waren. Ihnen war nicht langweilig und sie wünschten sich nicht an einen anderen Ort. Sie waren interessiert. Sie hörten mit der richtigen Einstellung zu, um Gott besser kennenzulernen und zu verstehen, was Gott mit ihnen als Seinem Volk vorhatte.

Wir können ihr Interesse nachvollziehen, denn ihr Leben hing vom Erfassen und Befolgen des Gesetzes ab. Auch unser Leben hängt davon ab, Gottes Wort zu kennen und zu befolgen. Wir müssen Jesus als den kennen, der Er ist und Ihm so vertrauen, wie es in der Bibel beschrieben wird.

Esra lehrte auf einer hölzernen Kanzel

Er stand auf einer Kanzel aus Holz, die extra für diesen Zweck angefertigt wurde. Dadurch stand er höher als seine Zuhörer und war auch von denen zu sehen, die weiter hinten standen. Das war eine praktische Sache und hatte nichts damit zu tun, Esra als den Superstar einer Aufführung darzustellen. Das Wort Gottes stand im Mittelpunkt, nicht irgendein Mensch.

Viele Lehrer - dieselbe Botschaft

In Vers 4 heißt es, dass neben Esra noch weitere Männer auf der Kanzel standen. Es waren dreizehn Männer: sechs zu seiner Rechten und sieben zu seiner Linken. Er war nicht der einzige Lehrer. Und in Vers 7 ist neben den Leviten von dreizehn weiteren Männern die Rede, die dem Volk das Gesetz erläuterten. Mit Sicherheit waren diese Männer ganz unterschiedlich: sei es ihr Alter, ihre Persönlichkeit oder ihre Fähigkeiten - und doch hatten sie dieselbe Botschaft: das Wort Gottes.

Das führt zu einer wunderbaren Bescheidenheit in der Verkündigung, denn es ist nicht wichtig, wer die Botschaft lehrt, sondern dass sie gelehrt wird.

Die Versammlung war durch Anbetung begleitet

In Vers 6 lobte Esra den Herrn und das Volk machte mit. Sie beteten Gott zusammen an. Im Anschluss daran fing die Predigt an. Manche Menschen halten die Anbetung für Liedersingen und danach ist die Predigt an der Reihe. Doch hier endet die Anbetung nicht mit dem Niederbeugen vor Gott. Jesus zitiert in Matthäus 22, 37 das große Gebot: „Du sollst den Herrn, deinen Gott, lieben mit deinem ganzen Herzen und mit deiner ganzen Seele und mit deinem ganzen Denken." Die Lehre von Gottes Wort richtet sich direkt an unseren Verstand und Willen und ist in sich schon eine Anbetung des Herrn.

Sie lasen viele Verse im Zusammenhang

Um das Gesetz befolgen zu können, musste das Volk das ganze Gesetz hören und verstehen. Es hätte ihnen nicht geholfen, nur Bruchstücke von hier und dort zu bekommen, ohne den Zusammenhang zu sehen.

Die ersten fünf Bücher Mose sind mehr als nur ein Gesetz. Dort lernen wir auch, wer das Volk Israel ist und wie sie zu Gottes Volk berufen wurden. Sie haben ihre Existenz Gott zu verdanken. Er hat sie erschaffen. Er brachte sie aus Ägypten und rettete sie aus der Knechtschaft. Er fragte sie, ob sie Sein besonderes Volk sein möchten und Seine Gesetze befolgen wollten und sie sagten ja. Sie schlossen einen Bund, in dem der Herr ihr Gott ist und Israel Sein Volk.

Deshalb gibt es Gottes Gesetz. Es handelt sich dabei eindeutig nicht um von Menschen ersonnene Gesetze: sie waren von Gott gegeben. Diese Gesetze sind sinnvoll, da auf ihnen die Geschichte Israels mit Gott und des Bundes, den sie mit Ihm eingingen, begründet sind. Es gibt einen guten Grund, warum Israel sie befolgte.

Das Wort Gottes sollte für sich selbst sprechen

1. Sie lasen mit aller Deutlichkeit vor. Man kann einen Text auch fehlerfrei vorlesen und ihn doch so schlecht betonen, dass man ihn offensichtlich selbst nicht verstanden hat. Eine Maschine kann Worte vorlesen, aber eine Maschine versteht nichts und kann niemandem etwas beibringen.

Die Lehrer wussten, was in Gottes Wort stand und was es bedeutete. Sie lasen es mit einer Betonung vor, durch die die Menschen begreifen konnten. Sie lasen klar und deutlich und gaben jedem Wort die richtige Betonung.

2. Die Lehrer vermittelten den Sinn. Mose schrieb diese Verse 1000 Jahre vor Esra. In dieser Zeit können sich Kultur, Sprache und Sitten ändern. Damit die Menschen Gottes Wort verstehen konnten, mussten manche Vorstellungen und Worte erklärt werden. Die Lehrer mussten also vorausdenken und Schwierigkeiten erwarten. So fragten sie sich: Was können die Menschen schnell erfassen, wobei werden sie Hilfe brauchen? Also erklärten sie die schwierigen Bibelstellen.

Sie übersetzten sie. Die Bibel war auf Hebräisch geschrieben, die Sprache der Juden. Aber in der Gefangenschaft lernte das Volk die Sprache der Babylonier, die sie auch nach ihrer Rückkehr noch beibehielten. Hebräisch wurde immer weniger gesprochen und deshalb konnte nicht jeder alles verstehen, was da geschrieben stand. Also mussten die Lehrer die wichtigen Stellen im Urtext hervorheben und so erklären, dass alle folgen konnten.

Sie definierten alle Worte, die nicht mehr zum allgemeinen Sprachgebrauch gehörten, denn sonst hätte sie niemand verstanden.

Sie erklärten Gebräuche von früher, die den Menschen zur Zeit Esras fremd geworden waren.

Die Lehrer wollten Mose 1000 Jahre nach seiner Zeit verständlich und nachvollziehbar darstellen, so als würden die Menschen ihm direkt zuhören.

3. Sie wollten die Lesung verständlich machen. Die Lehrer arbeiteten für eine Sache: dass die Menschen verstehen konnten, was dort vorgelesen wurde. Konnten sie das erst einmal begreifen, waren sie in der Lage, Recht von Unrecht zu erkennen und sich für das Richtige zu entscheiden. So konnten sie das Böse vermeiden und im Land bleiben, denn sie waren dem Herrn ein Wohlgefallen.

Gott möchte, dass auch ganz durchschnittliche Menschen die Bibel verstehen und Gott selbst kennen können.

4. Sie halfen den Menschen, die Lehre anzuwenden. Gottes Wort soll unser Leben verändern. Dazu kommt es, wenn wir es verstehen und es praktisch anwenden. In Jakobus 1, 22 steht, dass wir nicht nur Hörer des Wortes sein sollen, sondern auch Täter. Nachdem wir erklären, was im Wort steht, machen wir es praktisch anwendbar. Wir fragen: „Was passiert, wenn wir tun, was da steht? Was, wenn wir es nicht tun? Und welche Folgen wird das haben?"

Versagen im Angesicht des Gesetzes

Die Reaktionen des Volkes zeigten, dass sie wirklich zugehört hatten. Sie weinten und klagten, wurden von ihren Sünden und denen ihrer Vorväter überführt. Sie konnten ihren Ungehorsam erkennen: dass sie Gottes Herrlichkeit verfehlt hatten. Das Volk konnte nun sehen, dass es unter der Bestrafung Gottes stand. Sie wussten, dass sie ihre Strafe verdienten. Kein Wunder, dass sie sich verdammt vorkamen.

Die Lehrer korrigierten die Anwendung

Was wollten die Lehrer mit der Erläuterung von Gottes Gesetz bezwecken? War es ihre Absicht, dass sich die Menschen schlecht fühlten und ihnen ihre Sünden leid taten? Nein. Sie wollten, dass das Volk das Gesetz verstand, damit es nicht zu einer zweiten Vertreibung aus dem Land und einer Zerstreuung in andere Nationen kommen würde. Die Lehrer erkannten, dass das Volk die Lehre falsch anwendete.

Also fuhren sie fort und erklärten, dass dieser Tag dem Herrn heilig war. Es war ein Tag der Vergebung und Wiederherstellung. Die Unterweisung im Gesetz galt nicht der Verurteilung des Volkes, sondern sie sollten es kennen und sich daran halten und so Gott nahe sein können. Sie sollten Anteil an Gottes Heiligkeit haben und Sein Volk sein. Und weil sie Seine Heiligkeit teilten, teilten sie auch Seine Freude. Die Freude, mit Gott zu sein, sollte ihre Stärke werden.

Wenn die Menschen ihre Freude nicht im Herrn finden, dann werden sie woanders nach Befriedigung und Glück suchen. Sie blicken auf andere Götzen, die Glück verheißen und die ihre Anhänger doch nur täuschen werden und die deshalb unter Gottes Gericht fallen werden.

Wenn sie aber im Herrn glücklich sind, müssten sie nirgendwo anders nach Zufriedenheit und Glück suchen. Sie würden Gott gehorchen, glücklich sein und im Land bleiben können. Dadurch konnten Nehemia, Esra und die Leviten das Volk in ihrer Trauer beruhigen.

Jetzt jubelt das Volk

Als das Volk die ganze Botschaft Gottes (Gott ist heilig, gehorcht Seinem Gesetz, seid Sein Volk) und die richtige Anwendung gehört hatte (lebt deshalb mit Ihm, seid heilig und glücklich), konnten sie die ganze Botschaft Gottes verstehen. Nun waren sie wirklich glücklich. Sie aßen und tranken und teilten miteinander.

Anwendung

Wir wollen jetzt einige praktische Prinzipien aus Nehemia 8 anwenden.

1. Die Gemeinde braucht den ganzen Ratschluss Gottes. Die Menschen in unseren Gemeinden müssen genau wie das Volk Israel in einer aufrichtigen Beziehung mit Gott leben. Sie müssen Gott kennenlernen und mit Ihm in Heiligkeit leben. Das können sie nur durch Gottes Wort schaffen.

Paulus sagte in Apg. 20, 27: „Denn ich habe nichts verschwiegen, sondern habe euch den ganzen Ratschluss Gottes verkündigt."

In 2. Timotheus 3, 16-4, 2 schrieb er:

„Alle Schrift ist von Gott eingegeben und nützlich zur Belehrung, zur Überführung, zur Zurechtweisung, zur Erziehung in der Gerechtigkeit, damit der Mensch Gottes ganz zubereitet sei, zu jedem guten Werk völlig ausgerüstet. Daher bezeuge ich dir ernstlich vor dem Angesicht Gottes und des Herrn Jesus Christus, der Lebendige und Tote richten wird, um seiner Erscheinung und seines Reiches willen: Verkündige das Wort…!"

Wir brauchen die ganze Bibel. Wir brauchen die Schöpfungsgeschichte; wir brauchen die ganze Historie; wir brauchen die Psalmen, die Bündnisse und die Verheißungen. Sie sind das Fundament des Neuen Testaments, die Erfüllung aller Verheißungen und Bündnisse.

> „Er aber sagte ihnen: Das sind die Worte, die ich zu euch geredet habe, als ich noch bei euch war, dass alles erfüllt werden muss, was im Gesetz Moses und in den Propheten und den Psalmen von mir geschrieben steht. Da öffnete er ihnen das Verständnis, damit sie die Schriften verstanden." Lukas 24, 44-45

2. Das Volk wird durch Sein Wort leben oder sterben. Mose sagte in 5. Mose 32, 46-47:

> „Nehmt zu Herzen alle Worte, die ich euch heute bezeuge, damit ihr sie euren Kindern gebietet, dass sie darauf achten, alle Worte dieses Gesetzes zu befolgen. Denn es ist kein leeres Wort für euch, sondern es ist euer Leben, und durch dieses Wort werdet ihr eure Tage verlängern in dem Land, in das ihr über den Jordan geht, um es in Besitz zu nehmen!"

So wie das Leben Israels davon abhing, Gottes Wort zu verstehen und zu befolgen, hängt auch das Leben jeder einzelnen Person davon ab.

Jesus entgegnete dem Teufel mit einem Bibelwort: „Es steht geschrieben: „Der Mensch lebt nicht vom Brot allein, sondern von einem jeden Wort, das aus dem Mund Gottes hervorgeht!" (Matthäus 4, 4).

3. Das Wort hat die Kraft, von der Sünde zu überführen. Es brauchte nur einen Tag, an dem das Wort Gottes vorgelesen wurde, um den Menschen klarzumachen, dass sie Sünder sind. Und wir sind auf diese Kraft angewiesen, die von der Sünde überführt. Menschen werden erst dann erkennen, dass sie einen Retter brauchen, wenn ihnen klar geworden ist, dass sie Sünder sind. Jesus sagte in Johannes 16, 8:

„Und wenn jener [der Heilige Geist] kommt, wird er die Welt überführen von Sünde und von Gerechtigkeit und vom Gericht."

Der Heilige Geist wird Gottes Wort gebrauchen, um Sein Werk zu vollbringen.

4. Das Wort hat die Kraft, glücklich zu machen. Es machte die Menschen glücklich, als sie von Gottes Gnade hörten, denn sie wussten, dass sie mit Gott versöhnt waren. Das Wort Gottes macht den Menschen zwei Dinge klar: Dass sie Sünder sind und dass sie allein durch Jesus gerettet werden können.

„Demnach kommt der Glaube aus der Verkündigung, die Verkündigung aber durch Gottes Wort." Römer 10, 17

5. Die Menschen werden es verstehen können. Nachdem die Leviten das Volk gelehrt hatten, zeigte es, dass es nun das Wort verstand. Es war nicht kompliziert. Es verwirrte sie nicht. Sie hatten das mit der Verdammung aus ihrer eigenen Erfahrung heraus nun nur zu gut verstanden. Und ebenso Gottes Erbarmen und Vergebung.

Genauso werden auch unsere Leute verstehen, wenn wir ihnen alles lehren, was in der Bibel steht. Und sie werden glücklich sein!

6. Es ist die Aufgabe des Pastors, eine Botschaft zu liefern. Pastoren müssen sich keine Botschaft ausdenken. Gott hat ihnen die Bibel gegeben. Es ist unsere Aufgabe, die Botschaft sorgfältig aus der Bibel auszugraben, ihr einen Sinn zu geben, sie zu erklären und sie wortgetreu zu predigen. Das Wort wird seine Wirkung haben; es wird überzeugen und überführen und die Menschen dazu befähigen, es zu glauben.

Ich möchte dich ermutigen, die Bibel Buch für Buch, Kapitel für Kapitel und Vers für Vers zu lehren. Wie das funktioniert, schauen wir uns in den folgenden Kapiteln näher an.

2. Warum die ganze Bibel lehren?

Wenn du ähnlich bist wie ich, dann denkst du jetzt: „Das ist eine riesige Aufgabe. Jede Menge Arbeit. Möchte ich das wirklich?". Du musst schon überzeugt davon sein, dass es eine gute Sache ist und es alle Anstrengung wert sein wird.

Wieso sollten wir in unserem Dienst die Bibel lehren? Bitte lies mit mir 2. Timotheus 3.

1 Das aber sollst du wissen, dass in den letzten Tagen schlimme Zeiten eintreten werden.

2 Denn die Menschen werden sich selbst lieben, geldgierig sein, prahlerisch, überheblich, Lästerer, den Eltern ungehorsam, undankbar, unheilig,

3 lieblos, unversöhnlich, verleumderisch, unbeherrscht, gewalttätig, dem Guten feind,

4 Verräter, leichtsinnig, aufgeblasen; sie lieben das Vergnügen mehr als Gott;

5 dabei haben sie den äußeren Schein von Gottesfurcht, deren Kraft aber verleugnen sie. Von solchen wende dich ab!

6 Denn zu diesen gehören die, welche sich in die Häuser einschleichen und die leichtfertigen Frauen einfangen, welche mit Sünden beladen sind und von mancherlei Lüsten umgetrieben werden,

7 die immerzu lernen und doch nie zur Erkenntnis der Wahrheit kommen können.

8 Auf dieselbe Weise aber wie Jannes und Jambres dem Mose widerstanden, so widerstehen auch diese [Leute] der Wahrheit; es sind Menschen mit völlig verdorbener Gesinnung, untüchtig zum Glauben.

9 Aber sie werden es nicht mehr viel weiter bringen; denn ihre Torheit wird jedermann offenbar werden, wie es auch bei jenen der Fall war.

10 Du aber bist mir nachgefolgt in der Lehre, in der Lebensführung, im Vorsatz, im Glauben, in der Langmut, in der Liebe, im standhaften Ausharren,

11 in den Verfolgungen, in den Leiden, wie sie mir in Antiochia, in Ikonium und Lystra widerfahren sind. Solche Verfolgungen habe ich ertragen, und aus allen hat mich der Herr gerettet!

12 Und alle, die gottesfürchtig leben wollen in Christus Jesus, werden Verfolgung erleiden.

13 Böse Menschen aber und Betrüger werden es immer schlimmer treiben, indem sie verführen und sich verführen lassen.

14 Du aber bleibe in dem, was du gelernt hast und was dir zur Gewissheit geworden ist, da du weißt, von wem du es gelernt hast,

15 und weil du von Kindheit an die heiligen Schriften kennst, welche die Kraft haben, dich weise zu machen zur Errettung durch den Glauben, der in Christus Jesus ist.

16 Alle Schrift ist von Gott eingegeben und nützlich zur Belehrung, zur Überführung, zur Zurechtweisung, zur Erziehung in der Gerechtigkeit,

17 damit der Mensch Gottes ganz zubereitet sei, zu jedem guten Werk völlig ausgerüstet.

Schlimme Zeiten weger schlimmer Menschen

Mit „schlimm" wird die Endzeit beschrieben. Das heißt „voller Gefahr". Sind die Zeiten gefährlich, ist das Risiko hoch, Besitz und Leben zu verlieren.

Wenn wir uns die Auflistung in den Versen 1-5 ansehen, können wir vielleicht dazu verleitet werden zu denken: „Was ist so anders in der Endzeit? Diese Sünden gibt es doch schon hunderte und tausende von Jahren? Was ist denn so gefährlich in der Endzeit?"

Die Endzeit ist gefährlich, weil Paulus hier von Menschen innerhalb der Gemeinde spricht. Sie haben den äußeren Schein von Gottesfurcht, verleugnen aber die Kraft, die darin liegt. Gottesfurcht ist eine Kraft, die im Leben des Gläubigen am Werk ist und die sein Leben mehr in das Ebenbild Jesu verändert. Die Sünde muss weichen. Alles, was gegen Jesus steht, muss sich ergeben. Wenn Menschen die Kraft der Gottesfurcht für sich ablehnen, stehen sie auch nicht unter der Herrschaft Christi. Sie gehorchen Seinem Wort nicht. Sie sehen äußerlich fromm aus, vielleicht ermuntern sie auch andere, gottgefällig zu sein und unterweisen sie darin, aber sie sind kein Stück besser als Ungläubige außerhalb der Gemeinde.

Wie die Ungläubigen werden sie sich selbst lieben, sie lieben das Vergnügen und nicht Gott. So wird es innerhalb der Gemeinde sein!

In Galater 5, 21 steht, dass solche nicht das Reich Gottes erben werden.

Gefangene der Begierde - unfähig, die Wahrheit zu lernen.

Diese Männer werden in ihrer Begierde gefangen sein, sie suchen nach schwachen Frauen, die sie manipulieren können.

Sie werden zwar etwas lernen, doch sie werden die Wahrheit nicht begreifen. Wenn ein Mensch bekennt, dass etwas wahr ist, dann wird diese Wahrheit den Menschen regieren. Aber diese Männer werden nicht durch Gottesfurcht regiert und deshalb werden sie auch nicht von der Wahrheit regiert.

Paulus' Leben ist für Timotheus der wahre Standard

In Vers 10 erinnert Paulus Timotheus an alles, was er gelernt hat und von wem er es gelernt hat.

Er verweist auf seine Glaubenslehre (die Lehre von Jesus) und sein Verständnis der Schrift, das er von Gott gelernt hat. Seine Art zu leben war davon bestimmt, Jesus zu imitieren, wie Er Seinem Vater diente und in Heiligkeit zu leben. Sein Lebensziel war Jesus zu kennen und Ihm zu dienen. Er glaubte an Jesus und die Bibel.

Er spricht davon, dass seine Art des Lebens durch wahren Glauben möglich ist, denn Glauben allein ist ohne Wesenszüge, die mit dem Glauben einhergehen (Langmut, Liebe, Durchhaltevermögen), unvollständig. Menschen, die sich selbst lieben, haben diese Charakterzüge nicht, besonders wenn es darum geht, Verfolgung auszuhalten. Niemand wird verfolgt, wenn er sich selbst liebt, sondern erst dann, wenn er ein selbstloses Leben führt und sich heiligt, wie Christus es tat.

Wenn sich Gottgefälligkeit schwierig anhört, dann so viel: Gottgefällig zu sein ist definitiv besser als böse und ein Hochstapler zu sein, der täuscht und selbst getäuscht wird und dessen Zustand sich stetig verschlimmert.

Die zweifache Ermahnung des Paulus

Timotheus soll auf zwei Vorbilder achten: Paulus' Vorbild eines wahrhaften Lebens und sein Fundament, Gottes Wort. Timotheus war mit beidem für den Großteil seines Lebens vertraut. Für ihn bedeutet dieses Vorbild, dass er auf diesem Weg weitergehen und Jesus nacheifern soll. Wenn er weiterhin dem Wort Gottes und Paulus als Vorbild folgt, kann niemand ihn täuschen und auch er wird niemanden täuschen.

Ein schlechter Lebensstil ist die Folge einer Missachtung der Bibel, die Quelle der Wahrheit.

Die ganze Bibel ist wichtig

Paulus betonte, wie wichtig es ist, sich an die Bibel zu halten. Die Apostel wussten, dass sie die Bibel schrieben, als sie die Evangelien, die Briefe und die Offenbarung verfassten. Die ganze Bibel, das sind 66 Bücher des Alten und des Neuen Testaments. Alle Bücher der Bibel sind wichtig, weil sie von Jesus sprechen. So sagt der Engel in Offenbarung 19, 10: „Denn das Zeugnis Jesu ist der Geist der Weissagung." Im Endeffekt geht es in der ganzen Bibel darum, was Gott durch Jesus tut. Das Alte Testament handelt von der Vorbereitung der Rettung. Das Neue Testament beschreibt die Erfüllung von Gottes Verheißungen. Wenn wir uns nur auf das Neue Testament konzentrieren, ignorieren wir das Fundament dieser Bücher. Wir werden so nicht die komplette Botschaft Gottes bekommen.

Das Alte und Neue Testament werden in ihrer Gesamtheit „Kanon" genannt, das bedeutet Messlatte. Sie sind die Bücher, die die Kirche als von Gott inspiriert anerkannt hat und die somit maßgebend sind. Die Kirche hat die Bibel nicht maßgebend gemacht, sie hat sie nur als das bestätigt, was sie bereits war: Gottes Wort.

Die Bibel darf nicht gekürzt und nicht verlängert werden.

Fürwahr, ich bezeuge jedem, der die Worte der Weissagung dieses Buches hört: Wenn jemand etwas zu diesen Dingen hinzufügt, so wird Gott ihm die Plagen zufügen, von

denen in diesem Buch geschrieben steht; und wenn jemand etwas wegnimmt von den Worten des Buches dieser Weissagung, so wird Gott wegnehmen seinen Teil vom Buch des Lebens und von der heiligen Stadt, und von den Dingen, die in diesem Buch geschrieben stehen.
Offenbarung 22, 18-19

Alle Reden Gottes sind geläutert; er ist ein Schild denen, die ihm vertrauen. Tue nichts zu seinen Worten hinzu, damit er dich nicht bestraft und du als Lügner dastehst!
Sprüche 30, 5-6

Manche Menschen fügen der Bibel etwas hinzu. Wenn das passiert, werden diese zugefügten Schriften für wichtiger befunden als die Bibel. Sie werden zur Befehlsgewalt. Gruppierungen, die das tun, sind z.b. Mormonen, Adventisten, Zeugen Jehovas und Muslime.

In der Vergangenheit haben manche Menschen auch etwas von der Bibel weggenommen. Manche haben die Bibel beschnitten und behauptet, nicht alles sei Gottes Wort, sondern nur das, was sie für richtig hielten. In diesem Fall haben die Menschen die Vormachtstellung eingenommen, die eigentlich Gottes Wort zusteht.

Man kann von der Bibel aber auch wegnehmen, indem man Teile von ihr ignoriert und nicht lehrt. So wird z.b. häufig die Offenbarung ignoriert. Darin geht es hauptsächlich um Jesus als Herr der Gemeinde und als kommenden König und Richter. Es mag viele Symbole geben, die nicht einfach zu verstehen sind, aber Jesus wird klar und deutlich als Herr dargestellt. Die Gemeinde braucht diese Botschaft, um fest bestehen zu können. Was, wenn wir nicht wissen, wie Gott alles zum Guten wenden wird? Dann sähen wir nur, dass das Böse scheinbar siegt und würden deshalb verängstigt und entmutigt sein.

Wir dürfen nichts aus der Bibel weglassen und nichts hinzufügen. Sie ist die Autorität. Wenn wir lehren, dass die Autorität nicht von uns kommt, sondern von Gott, dann können wir auch sagen: „So spricht der Herr".

Die ganze Schrift ist von Gott eingegeben

Der Wert der Bibel lässt sich daran bestimmen, dass sie von Gott kommt. Sie wurde nicht von Menschen ausgedacht. Gottes Geist kam auf jeden der Autoren und führte sie dazu, das aufzu-schreiben, was der Geist auf dem Herzen hatte. Immer wieder lesen wir: „So spricht der Herr." Die Bibel ist nicht nur Sein Wort, sondern sie ist lebendig und wirksam. Jesus sagt: „Die Worte, die ich zu euch rede, sind Geist und sie sind lebendig."

Wir haben es nicht einfach nur mit einem Buch zu tun. Wir haben es mit dem Heiligen Geist zu tun.

Die ganze Schrift ist nützlich

Denke allein über diesen ersten Impuls nach: Gottes Wort ist nützlich. Wenn du ein Samenkorn in den Boden säst, wird es wachsen und noch mehr Frucht hervorbringen. Es ist Arbeit dafür nötig, dass es zu diesem Prozess kommen kann, aber das, was dabei herauskommt, kann kein Mensch hervorbringen. Die Frucht kommt von Gott.

Die Aufgabe und Arbeit des Lehrers beschränkt sich auf das Säen des Wortes, aber die Auswirkungen sind allein auf Gott zurückzuführen. Und niemand als allein Gott kann diese Dinge bewirken.

1. Nützlich zur Belehrung. Belehrung heißt Unterweisung. In der Bibel finden wir die allerwichtigste Lehre: Von Gott und den Menschen, wie alles entstand, dem Sinn und Zweck für alles und wie sich alles einmal fügen wird. Wir haben Lehren von Leben, Tod, Gericht, Sünde, Vergebung, Errettung.

Diese Lehren sind wichtig, weil sie durch und durch wahrhaftig sind. Alles, was von Menschen geschrieben wird, ist fehlbar. Sie wissen nicht alles, sie kennen die Zukunft nicht und sie sind unvollkommen. Wenn sie etwas nicht wissen, dann denken sie sich etwas aus.

Gott ist vollkommen, Er weiß alles - von Anfang an. In der Bibel gibt es keine Lügen, keine Märchen, nichts von Menschen Erdachtes, sondern Gottes Wort: Es kommt alles von Gott. Es ist ewig. Es muss sich nicht an neue Generationen anpassen. Es muss nicht verbessert werden. Neue Entdeckungen werden die Bibel nicht alt aussehen lassen. Sie enthält keine Fehler, die korrigiert werden müssen.

Wir können also Gottes Wort mit der Gewissheit lehren, dass es wahr ist und es wird die Menschen lehren, vor Gott ein gerechtes Leben zu führen und ihnen zeigen, wie sie Gott gefallen können.

2. Nützlich zur Überführung. Wenn du überführt wirst, dann werden dir deine Fehler gezeigt. Dir wird gesagt, dass du im Unrecht bist. Überführt zu werden ist nicht schön, wenn du dich für unschuldig hältst. Aber was ist, wenn du falsch liegst? Dann ist es gut, wenn du gesagt bekommst, dass du nicht richtig liegst.

Wenn wir wirklich im Unrecht sind, dann müssen wir das gesagt bekommen. Solange ich mich im Recht fühle, sehe ich auch keine Notwendigkeit für Erlösung. Ich halte sie ja nicht für nötig. Wenn ich aber davon überzeugt werde, dass ich wirklich ein Sünder bin und unter dem Urteil Gottes stehe, ist die Erlösung für mich nicht länger bedeutungslos. Das Werk der Erlösung bekommt plötzlich Sinn für mich.

Gottes Wort kann mir klar machen, dass ich vor Gott im Unrecht bin. Die Bibel zeigt Gottes Logik und hat die Kraft des Heiligen Geistes, von der Sünde zu überzeugen und zu überführen. Sie zeigt, dass wir vor Gott im Unrecht sind und unter Seinem Gericht stehen, das ewige Verdammung zur Folge hat. Sie hat die Kraft, einen Menschen zu demütigen und ihn zur Umkehr zu Gott zu bekehren. „Das Gesetz des Herrn ist vollkommen, es erquickt die Seele" (Psalm 19, 8).

Diese Erneuerung der Seele wird aufrechterhalten, weil die Bibel dem Menschen zeigt, wo er Unrecht tut und umkehren muss. Wie ähnlich bin ich Jesus im Moment? Ich muss wissen, wo ich etwas ändern muss. Gottes Wort wird es mir zeigen.

In 2. Samuel 11 begeht David Ehebruch und einen Mord. Er vertuscht beides und tut so, als sei nichts gewesen. Gott tadelt David dafür durch Seinen Propheten Nathan. David musste hören, dass er Unrecht getan hatte und dass nichts in Ordnung war. Für ihn war es eine demütigende Erfahrung, als ihm seine Sünde so vorgeführt wurde, aber diese Demütigung war für ihn besser als auf dem Weg des Gerichts zu bleiben.

3. Nützlich zur Berichtigung. Mein Unrecht zu erkennen ist gut, aber das ist erst der Anfang. Ich muss auch wissen, wie ich meine Beziehung zu Gott wieder ins Reine bringe. Wenn ich nicht lerne, wie ich die Beziehung wieder klären kann, dann bleibe ich ein Sünder, rechtskräftig verurteilt. Dann gibt es für mich keine Hoffnung.

Im Urtext ist das Wort für „Berichtigung" dasselbe Wort, das benutzt wir, wenn vom Richten eines gebrochenen Knochens gesprochen wird. Wenn ein gebrochener Knochen nicht gerichtet wird, kann er nicht richtig verheilen. Gottes Wort kann mich „berichtigen", damit mein Leben und mein Glauben heil sein können.

4. Nützlich zur Unterweisung in Gerechtigkeit. Unterweisung in Gerechtigkeit heißt Züchtigung, d.h. der Gebrauch von Strafe, um den Charakter zu korrigieren. Es geht nicht um Strafe als das letzte Mittel, sondern darum, durch den Einsatz von Strafe richtiges Verhalten zu fördern.

Gerechtigkeit kommt uns nicht einfach zugeflogen. Wir müssen in ihr ausgebildet und geübt werden. Gottes Wort wird das für uns tun.

Salomo lernte von seinem Vater: „Denn das Gebot ist eine Leuchte und das Gesetz ist ein Licht; Unterweisung und Ermahnung sind ein Weg des Lebens" (Sprüche 6, 23).

Hebräer 12, 5-11 zeigt uns, dass wir die Züchtigung unseres Vaters brauchen:

> 5 und habt das Trostwort vergessen, das zu euch als zu Söhnen spricht: »Mein Sohn, achte nicht gering die Züchtigung des Herrn und verzage nicht, wenn du von ihm zurechtgewiesen wirst!
>
> 6 Denn wen der Herr lieb hat, den züchtigt er, und er schlägt jeden Sohn, den er annimmt. «
>
> 7 Wenn ihr Züchtigung erduldet, so behandelt euch Gott ja als Söhne; denn wo ist ein Sohn, den der Vater nicht züchtigt?
>
> 8 Wenn ihr aber ohne Züchtigung seid, an der sie alle Anteil bekommen haben, so seid ihr ja unecht und keine Söhne!
>
> 9 Zudem hatten wir ja unsere leiblichen Väter als Erzieher und scheuten uns vor ihnen; sollten wir uns da nicht vielmehr dem Vater der Geister unterwerfen und leben?

10 Denn jene haben uns für wenige Tage gezüchtigt, so wie es ihnen richtig erschien; er aber zu unserem Besten, damit wir seiner Heiligkeit teilhaftig werden.
11 Alle Züchtigung aber scheint uns für den Augenblick nicht zur Freude, sondern zur Traurigkeit zu dienen; danach aber gibt sie eine friedsame Frucht der Gerechtigkeit denen, die durch sie geübt sind.

Wenn wir die Züchtigung des Vaters nicht annehmen, sind wir auch keine echten Söhne. Die Unterweisung in Gerechtigkeit durch Gottes Wort ist von absolutem Nutzen.

5. Dass der Mensch Gottes richtig sei. Richtig heißt speziell ausgerüstet, im Besitz von allem, was nötig ist, um Gottes Ruf und Plan für sein Leben effektiv umsetzen zu können. Sein Wort ist eine komplette Schullaufbahn und ein Lehrer, der dich ausrüstet. Genauso wird es deine Zuhörer ausrüsten, wenn du lehrst.

Manchmal bin ich versucht zu denken, dass ich mehr Geld brauche, um einen erfolgreichen Dienst zu tun. Oder mehr Geräte oder Wunder. Paulus sagt, was wir brauchen: Unser Charakter soll durch Gottes Wort ausgebildet werden, damit wir Sein Wort mit Vollmacht und Sorgfalt an andere Menschen weitergeben.

Anwendung

Paulus gibt seine Lehre an Timotheus weiter, er ermahnt ihn, das Wort zu gelegener und ungelegener Zeit zu predigen, mit aller Geduld und Unterweisung zu überzeugen, zu rügen und zu ermahnen. Voller Ernst übergibt er Timotheus Gottes Auftrag, Sein Wort zu predigen.

Spürst du Paulus' Dringlichkeit? Er schrieb diese Worte zu Beginn der christlichen Ära. Fast 2000 Jahre später finden wir uns in der Zeit wieder, von der Paulus geschrieben hatte.

Menschen innerhalb der Gemeinde benehmen sich wie weltliche Menschen. Sie wollen keine gesunde, biblische Lehre hören. Sie versammeln Lehrer um sich, die ihnen das sagen, was sie hören wollen. Sie halten sich an Fabeln. Sie lieben das Vergnügen, sie lieben nicht Gott.

Jetzt können wir seufzen und den Mut verlieren, aber das wäre Unglauben. Lasst uns lieber Mut fassen. Damit ist das Wort Gottes bestätigt, denn Gott hat uns gesagt, dass diese Zeiten kommen werden und nun sind sie da. Wir sollten dadurch nur noch mehr Vertrauen auf die Bibel haben. Das ganze Wort Gottes wird erfüllt werden.

Paulus' Gebot gilt auch heute noch für uns. Wir müssen das ganze Wort Gottes predigen und lehren, damit es in uns und in anderen wirken kann. Jesaja 55, 10-11 gilt auch heute noch:

> Denn gleichwie der Regen und der Schnee vom Himmel fällt und nicht wieder dahin zurückkehrt, bis er die Erde getränkt und befruchtet und zum Grünen gebracht hat und dem Sämann Samen gegeben hat und Brot dem, der isst — genauso soll auch mein Wort sein, das aus meinem Mund hervorgeht: es wird nicht leer zu mir zurückkehren, sondern es wird ausrichten, was mir gefällt, und durchführen, wozu ich es gesandt habe!

Wenn wir Männer und Frauen darin ausbilden, Gottes Wort zu kennen und sie dazu ausrüsten, Seinen Dienst zu tun, können wir gewiss sein, dass wir Seinen Willen tun. Unsere Belohnung wird eines Tages kommen, wenn wir Ihn sagen hören: „Recht so, du guter und treuer Knecht! Du bist über wenigem treu gewesen, ich will dich über vieles setzen; geh ein zur Freude deines Herrn!" (Matthäus 25, 21)

3. Betrachte einen Vers

Wir möchten das lehren, was in der Bibel steht und es für sich selbst sprechen lassen. Das geschieht immer dann, wenn wir durch die Bibel lehren, Buch für Buch, Kapitel für Kapitel, Vers für Vers.

Dazu müssen wir lernen, wie wir genau herausfinden können, was Gottes Wort aussagt. Wir studieren den Bibeltext. Studieren bedeutet, sich etwas ganz genau und sorgfältig anzuschauen, um davon zu lernen. Das Bibelstudium ist der Prozess, Fragen zu stellen und die Antworten im zugrundeliegenden Text zu finden.

Paulus bittet Timotheus eindringlich, die Bibel zu studieren:

Strebe eifrig danach, dich Gott als bewährt zu erweisen, als einen Arbeiter, der sich nicht zu schämen braucht, der das Wort der Wahrheit recht teilt. 2. Timotheus 2, 15

In unserer ersten Lektion des Bibelstudiums werden wir uns einen Vers ansehen und sehen, wie viele Fragen wir über ihn stellen können. Von dort aus werden wir uns den Absatz und anschließend das ganze Kapitel ansehen.

Die ganze Bibel ist gut, deshalb habe ich mir diesen Vers ausgesucht:

Die Furcht des Herrn ist der Anfang der Erkenntnis; nur Toren verachten Weisheit und Zucht! Sprüche 1, 7

Definieren, Fragen stellen, Antworten finden, aufschreiben

Unser Studium fängt damit an, sich die verwendeten Worte anzuschauen. Weißt du, was sie bedeuten? Wir gehen davon aus, die Bedeutung eines Wortes zu kennen, doch wenn wir es definieren sollen, gelingt uns dies nur vage. Das zeigt, dass wir es nicht wirklich begriffen haben. Also lautet die Regel: Wenn du ein Wort nicht schnell und problemlos definieren kannst, schlage es in einem Wörterbuch nach. Du wirst staunen, wie viel du dadurch lernen kannst! Ich schlage oft Wörter nach, deren Bedeutungen mir eigentlich geläufig sind, um von der Klarheit eines Wörterbuchs zu profitieren.

Wir stellen Fragen, die der Text beantworten kann. Im weiteren Verlauf des Kapitels werden wir sehen, welche Art von Fragen wir stellen können.

Schreib auf, was du lernst: Die Definitionen, die Antworten, sogar die Fragen. Verwende jede Menge Papier. Beim Schreiben wirst du noch mehr darüber nachdenken. Vielleicht entdeckst du sogar einen Zusammenhang neuer Vorstellungen, über die du dir noch nie Gedanken gemacht hast. Ich habe herausgefunden, dass ich meine Gedankengänge weiterentwickle, während ich meine Gedanken zu Papier bringe. So erhalte ich neue Einblicke in die Bibelstelle, mit der ich mich auseinandersetze.

Durch das Niederschreiben deiner Gedanken hast du sie direkt vor dir liegen und du kannst sie dir ansehen. Ich jongliere nicht gerne zu viele Gedanken auf einmal in meinem Kopf. Ich sehe sie mir gerne an, um sie objektiv einzuschätzen.

Welche Art von Text sehen wir uns an?

Die Bibel besteht aus 66 Büchern. Sie ist ein Geschichtsbuch. Ein Gedichtband. Eine Biographie. Eine Bedienungsanleitung.

Sie ist aus unterschiedlichen literarischen Gattungen zusammengesetzt worden.

Eine Gattung ist **die Darlegung**: es wird etwas erläutert oder erklärt. Der Autor hat eine Vorstellung oder Vorstellungen, die er den anderen vermitteln möchte und er entwickelt sein Konzept Punkt für Punkt. Anschließend zeigt er die praktische Auswirkung dieser Gedanken. Die Briefe des Neuen Testaments sind Beispiele für Darlegungen.

Dann gibt es die Gattungen der **geschichtlicher Schriften** oder **Erzählungen**: Berichte von vergangenen Ereignissen. Es wird von Menschen erzählt, die mit dabei waren, vom Ausgang einer Geschichte, von den Lektionen, die gelernt wurden und so weiter. **Die Biographie** ist eine geschichtliche Gattung, die sich mit dem Leben einer Person befasst. **Die Evangelien** bestehen aus Geschichten, die sich um das Leben von Jesus ranken.

Gleichnisse sind Geschichten, die einen Sinn vermitteln sollen, eine Schlussfolgerung, eine Lektion. Meist finden sie sich in den Evangelien, aber sie tauchen immer wieder in der Bibel auf.

Sprüche und **Weisheitsliteratur** handeln vom rechten Leben in Harmonie mit Gottes Gesetzen.

Prophetische Bücher blicken in die Zukunft und wenden diese Erkenntnisse darauf an, in der Gegenwart gerecht zu leben. Das Buch der Offenbarung behandelt sogenannte **apokalyptische Prophetie**, weil es darin um Ereignisse geht, die in der Endzeit stattfinden werden. Außerdem ist die Sprache mit vielen Symbolen behaftet, um seine Botschaft zu vermitteln. Auch das Buch Daniel besteht aus einigen apokalyptischen Teilen.

Wir eignen uns die unterschiedlichen Schreibstile der Bibel an, damit wir verstehen können, was jedes Buch auf seine eigene Art und Weise aussagt. Die Aussagen der Sprüche vermitteln etwas anderes als ein historisches Buch. Wir legen etwas gemessen an dem aus, was kommuniziert wird und wie es ausgedrückt wird.

Wir stellen also fest, dass Sprüche 1, 7 aus der Gattung der **Sprüche** und **Weisheitsliteratur** stammt.

Wir müssen auch wissen, dass ein Großteil der Sprüche in hebräischer Dichtkunst geschrieben wurde. Hebräische Dichtkunst reimt nicht Worte, sondern Ideen oder Vorstellungen. Das wird **Parallelismus** genannt und es gibt dafür unterschiedliche Methoden. Eine davon ist, dass die erste Zeile eine Aussage macht, die nächste Zeile stimmt ihr dann in anderen Worten zu. Zum Beispiel:

Herr, strafe mich nicht in deinem Zorn, züchtige mich nicht in deinem Grimm! Psalm 6, 1

Dieselbe Sache wird auf zwei unterschiedliche Weisen gesagt. Weil die Aussage gleich ist, können wir die eine Zeile mit der anderen Zeile auslegen. Zorn wird hier mit Grimm verglichen. Strafen wird verglichen mit Züchtigen.

Eine weitere Art von Parallelismus finden wir da, wo die zweite Zeile ein Kontrast zur ersten bildet:

Ehe ich gedemütigt wurde, irrte ich; nun aber befolge ich dein Wort. Psalm 119, 67

Hier sehen wir einen Vorher-Nachher-Effekt (ehe/nun) und wir können uns fragen, was der Unterschied zwischen „ehe" (vorher) und „nun" (nachher) ist und was den Unterschied gemacht hat.

Sprüche 1, 7 besteht aus zwei Zeilen. Stimmen sie miteinander überein oder bilden sie einen Gegensatz? (Antwort: Die erste Zeile bildet einen Kontrast zur zweiten.) Im weiteren Verlauf werden wir sehen, wie wir Gegensätze verwenden können. Jetzt werden wir uns mal einige Fragen über unseren Vers stellen.

Die Furcht des Herrn ist der Anfang der Erkenntnis; nur Toren verachten Weisheit und Zucht! Sprüche 1, 7

Was ist Erkenntnis? Ich habe das Wort in einem hebräischen Wörterbuch nachgeschlagen: Es bedeutet Erkenntnis, die durch Beobachtung und Denken kommt und Erkenntnis, die durch Erfahrung kommt.

Da die Zeilen gegensätzlich sind, könntest du also sagen, dass Toren weder beobachten noch denken oder Gott nicht erfahren? (Antwort: ja)

Was ist die Furcht des Herrn? Das Wörterbuch sagt: Tiefe Achtung und Ehrfurcht, Gottgefälligkeit und heilige Furcht.

Achtung ist tiefgreifender Respekt, mit Liebe und Ehrfurcht gemischt.

Da wir uns entschieden haben, dass diese zwei Zeilen einen Gegensatz bilden, könnten wir dann sagen, dass Toren keine Achtung und keinen Respekt vor Gott und keine Liebe für Gott haben? (Antwort: ja)

Was bedeutet Anfang? Das Wörterbuch sagt: Der Punkt in Zeit und Raum, an dem etwas beginnt. Es gibt nichts vor dem Anfang.

Toren haben also mit der Erkenntnis noch gar nicht angefangen? (Antwort: korrekt)

Was bedeutet verachten? Es bedeutet: Verachtung empfinden oder eine tiefe Abneigung gegen etwas haben. Weiß ich, was Verachtung oder Abneigung ist? Wenn ich die Definitionen nicht verstehe, ist mir nicht geholfen. Das können wir vermeiden, indem wir solange Wörter nachschlagen, bis wir eine Vorstellung davon haben. Die Bedeutungssuche geht wie folgt weiter:

Was bedeutet Verachtung? Der Eindruck, eine Person oder Sache ist nicht beachtenswert, wertlos oder man hat dafür nur Spott übrig.

Was bedeutet Abneigung? Intensive Abscheu.

Was bedeutet Abscheu? Ein Gefühl von Ekel oder tiefes Missfallen, ausgelöst durch etwas Unerfreuliches oder Beleidigendes.

Was bedeutet Missfallen? Eine ungünstige Meinung haben oder ausdrücken.

Was bedeutet ungünstig? Keine Anerkennung oder Unterstützung zeigen.

Kann eine Person recht haben, wenn sie meint, Gott habe unrecht?

Welche Einstellung hat jemand, der sich für schlauer als Gott hält? Hochmütig, denke ich.

Jemand, der also Weisheit und Unterweisung verachtet, wird sie auch hassen und sie für unerfreulich und unliebsam halten.

Dies führt mich zu dieser Frage: Wieso sollte ich so denken? Vielleicht, weil ich nicht gerne gesagt bekomme, dass ich unrecht habe? Besonders, wenn Gott mir das sagt? Weil ich machen will, was ich gerade mache und ich mir von niemandem etwas vorschreiben lassen will? Das ist schon wieder Hochmut, so scheint es mir.

Was bedeutet Weisheit? Das Wörterbuch sagt: Erfahrung, Wissen und ein gutes Urteilsvermögen zu haben; weise zu sein.

Was bedeutet Zucht? Ich habe es im hebräischen Wörterbuch nachgeschlagen. Es bedeutet Disziplinieren, Züchtigen, Korrektur.

Was bedeutet Disziplinieren? Das Wörterbuch sagt: Der Brauch, Menschen darin zu erziehen, Regeln oder einen Verhaltenskodex zu befolgen unter Zuhilfenahme von Strafe, um Ungehorsam zu korrigieren.

Was bedeutet Züchtigen? (Hier ein Zitat aus meinem Wörterbuch: 1a: jemandem Schmerz, Leid, Entbehrung oder Unglück aussetzen, mit dem Ziel zu korrigieren, zu stärken, mentale, geistliche oder charakterliche Eigenschaften zu vollenden. Oder im Verhalten: Disziplinieren („Denn wen der Herr lieb hat, den züchtigt er, und er schlägt jeden Sohn, den er annimmt" Hebräer 12, 6.))

Hier finden wir also im Wörterbuch den Hinweis auf Hebräer 12. Wenn wir dem nachgehen, wird uns dort sehr viel über Züchtigung verraten. Finde Antworten auf folgende Fragen:

Wer züchtigt?

Wem gilt die Züchtigung?

Fühlt sich die Züchtigung zu dem Zeitpunkt gut an?

Was bewirkt die Züchtigung auf lange Sicht?

Was, wenn wir die Züchtigung nicht annehmen?

Das sind alles gute Fragen zu Hebräer 12, die unser Verständnis von Sprüche 1, 7 verbessern können. Nun aber zurück zu unserem Text.

Was ist ein Tor? Sprüche 1, 7 sagt, dass ein Tor Weisheit und Erkenntnis verachtet. Und weil wir in dieser Dichtungsart in jeder Zeile einen Gegensatz finden, können wir sehen, dass ein Tor auch die Furcht des Herrn verachtet.

In den Sprüchen und der Weisheitsliteratur ist ein Tor nicht einer, der mental dumm ist, sondern er ist moralisch dumm. Er kann ansonsten wirklich schlau sein, doch wenn er Gott nicht fürchtet, ist er wirklich töricht.

Das lässt mich weitere Fragen stellen:

Wieso ist es töricht, Gott nicht zu fürchten? Wenn ich darüber nachdenke, was die Bibel dazu aussagt, dann hat es anscheinend etwas damit zu tun, dass Gott jede Person richten wird. Jeder wird am Ende entweder in der Hölle oder im Himmel enden, je nach Gottes Urteil.

Wer kommt in dem Himmel? Alle, die Jesus als ihren Herrn und Erlöser angenommen und zu Seiner Ehre gelebt haben.

Wer geht in die Hölle? Alle, die Jesus ablehnen und so leben, wie sie es wollen, weil sie nicht an Jesus oder an Gott oder an ein Gericht glauben.

Was möchte ein Tor? Wir wissen, was ein Tor nicht haben möchte: Erkenntnis (wir haben ja gelernt, dass das Zucht/Erziehen bedeutet).

Was ist das Gegenteil von Zucht? Das Wörterbuch sagt: Liederlichkeit. D.h. in sinnlichen Vergnügungen schwelgen.

Schwelgen ist die Unfähigkeit, der Befriedigung von Launen und Verlangen zu widerstehen, Zwanglosigkeit, Mangel an Beherrschtheit.

Was ist Beherrschtheit? Selbstkontrolle.

Was ist Selbstkontrolle? Die Fähigkeit, sich zu beherrschen, insbesondere seine Gefühle und Verlangen oder die Auswirkung auf sein Verhalten, besonders in schwierigen Situationen.

Was ist an Selbstkontrolle so wichtig? Das Gegenteil wäre keine Kontrolle über sich selbst zu haben. Oder besser: etwas anderes hat die Kontrolle übernommen. Das könnten Genüsse (Vergnügungen?), Drogen, Alkohol, Glücksspiel, Sex, Essen oder alles außer Gott sein. Kann das gut sein?

Was passiert, wenn der Herr dein Hirte ist? Was, wenn nicht Gott, sondern etwas anderes dein Hirte ist? Weil ich regelmäßig in der Bibel lese, erinnert mich das an Psalm 49.

Dort wird über die Gottlosen in Vers 14 gesagt: „Wie Schafe weidet sie der Tod" (revidierte Elberfelder).

Es scheint also, ein Tor will nicht von Gott beherrscht werden, aber weil er keinerlei Selbstkontrolle besitzt, wird er von etwas anderem beherrscht, letztlich vom Tod selbst. Ist das eine gute Idee?

Schreibe den Vers mit eigenen Worten auf

Mit dieser Übung wird die Bedeutung eines Textes klarer. Wenn du die Bedeutung eines Textes mit anderen Worten ausdrücken kannst, hast du ihn verstanden und du kannst seine Botschaft nun verständlich weitergeben.

Das ist nicht leicht. Es ist einfacher, den Vers etwas umzuschreiben, indem du die Wörter an eine andere Stelle setzt. Ich versuche immer, den Satz so aufzuschreiben, dass ich alle Aussagen so gut ich kann mit hineinschreibe. Der Satz ist dann meistens viel zu lang und grammatikalisch lässt er zu wünschen übrig. Aber dadurch habe ich etwas, das ich mir ansehen kann. Ich kann mich fragen, was falsch und was richtig daran ist und was ich ändern muss. Und so schreibe ich den Satz immer wieder neu hin, lasse unnötige oder falsche Teile weg, bis ich meine, dass der Satz alles wiedergibt, was der Vers aussagen will. Das ist viel Arbeit. Doch wenn ich fertig bin, weiß ich genau, worum es in dem jeweiligen Vers geht.

Wir können das jetzt mal versuchen:

> Damit ich so wissen kann, wie Gott sagt, dass ich wissen sollte, muss ich riesigen Respekt vor Gott haben und mich in Gerechtigkeit üben. Wenn ich das nicht mag, bin ich ein Narr.

Mein erster Versuch besteht aus zwei Sätzen. Ich will aber nur einen haben. Habe ich alles mit hineinbekommen? Ich bin noch nicht zufrieden. Ich versuche es nochmal.

Gott fürchten und Seine Erziehung für mich annehmen, wird mein Beginn auf dem Weg sein, auf dem ich die Wahrheit kennen werde, aber wenn ich mich nicht demütige und Ihm nicht erlaube, mir zu sagen, wann ich falsch liege, werde ich nie etwas kennenlernen, das es zu wissen wert ist.

Hmmm…. Das ist ein ziemlich langer Satz. Habe ich alle meine Beobachtungen mit einfließen lassen? Ist er verständlich? Widerspricht er nicht dem Vers?

Ich mag ihn. Kannst du bessere Sätze schreiben?

4. Betrachte einen Absatz

Nachdem wir nun wissen, wie wir einen Vers betrachten können, wenden wir uns jetzt einem ganzen Absatz von Versen zu. Wir haben es nun mit einer großen Anzahl von Versen zu tun. Aber es bleibt dabei, dass die Verse zusammengenommen eine Bedeutung haben, und die wollen wir jetzt finden. Wir fangen damit an, die Details jedes Verses zu betrachten. Dann legen wir fest, was sie insgesamt aussagen, also welchen Sinn die Geschichte hat bzw. welchen Punkt sie macht. Schließlich schreiben wir in einem Satz auf, was da passiert.

Welchen Abschnitt nehmen wir?

Es hat keinen besonderen Grund, warum ich gerade das Matthäusevangelium, Kapitel 11, 1-6 ausgesucht habe. Es hätte auch jeder andere Abschnitt sein können, denn die ganze Schrift ist nützlich. Ich vertraue darauf, dass wir etwas lernen werden, wenn wir Fragen stellen und auf Antwort horchen.

1 Und es geschah, als Jesus die Befehle an seine zwölf Jünger vollendet hatte, zog er von dort weg, um in ihren Städten zu lehren und zu verkündigen.

2 Als aber Johannes im Gefängnis von den Werken des Christus hörte, sandte er zwei seiner Jünger

3 und ließ ihm sagen: Bist du derjenige, der kommen soll, oder sollen wir auf einen anderen warten?

4 Und Jesus antwortete und sprach zu ihnen: Geht hin und berichtet dem Johannes, was ihr hört und seht: 5 Blinde werden sehend und Lahme gehen, Aussätzige werden rein und Taube hören, Tote werden auferweckt, und Armen wird das Evangelium verkündigt. 6 Und glückselig ist, wer nicht Anstoß nimmt an mir!

Vers 1 – Wo ist Jesus? Er ist auf einer Predigtreise durch die Städte um Galiläa herum. Das ist eine Vermutung, denn es steht nirgendwo deutlich geschrieben. Aber wir lesen, dass Er in ihren Städten lehrte. Wenn es sich dabei um die Städte der Jünger gehandelt hat, dann war es das Gebiet von Galiläa, denn von dort stammte ein Großteil der Jünger.

Was hat Er dort gemacht? Er lehrte Seine Jünger und sandte sie mit dem Auftrag aus, zu heilen und das Reich Gottes zu predigen. Das wissen wir, weil es am Anfang heißt: „.... als Jesus die Befehle an seine zwölf Jünger vollendet hatte." Wenn wir nachlesen, was vorher passierte, werden wir sehen, dass fast das komplette Kapitel 10 davon handelt, wie Jesus Seine Jünger für Seine Mission vorbereitete.

Was macht Jesus, nachdem er die Jünger ausgesendet hat? Jesus selbst geht auch von dort weg auf eine eigene Reise durch die Städte, wo Er lehrt, predigt und heilt. Er hat zwar gerade erst Seine eigenen Jünger ausgesandt, aber das hält Ihn nicht davon ab, selbst aktiv zu bleiben. Er hätte auch anhalten und sagen können: „Ich bin der Anführer. Die Jungs können die Arbeit erledigen, ich ruhe mich aus." Nein, Er macht weiter.

Wieso macht Er das? Die Antwort gibt der Text nicht so direkt her, wir müssen also vorsichtig raten. Wir sehen, dass Er das praktizierte, was Er Seinen Jüngern beibrachte. Wir wissen, dass Jesus kam, um die Verlorenen zu suchen und zu retten. Wir können also sagen, dass Er das tut, weil Er es tun will, nicht weil Er muss. Als Vorbild für Seine Jünger. Das ist eine Vermutung. Wir können das überprüfen, indem wir uns fragen, ob diese Schlussfolgerung sich mit dem deckt, was wir über Jesus wissen.

Vers 2 – Um welchen Johannes handelt es sich hier? Der Text gibt uns dazu nicht sofort eine Antwort. Es ist nicht der Apostel Johannes, denn den hat Jesus ja kurz vorher zum Predigen und Lehren ausgesandt. Später lesen wir, dass Jesus zu den Menschen über jemanden mit Namen Johannes spricht und es ist offensichtlich, dass Er damit Johannes den Täufer meint.

Wo ist Johannes? Laut Text ist er im Gefängnis.

Warum ist er dort? Das steht nicht im Text. Wir müssen uns also fragen, ob diese Information irgendwo anders in den Evangelien steht. Und hier finden wir den Beweis, wieso es wirklich praktisch ist, regelmäßig in der Bibel zu lesen (darauf werden wir in Kapitel 8 näher eingehen): In Lukas 3, 19-20 lesen wir nämlich, dass Johannes Herodes, den Vierfürsten, dafür rügte, dass dieser die Frau seines Bruders geheiratet hatte. Nach Gottes Gesetz war das verboten. Herodes ließ Johannes verhaften und ins Gefängnis werfen.

Wie konnte Johannes davon gehört haben? Seine Jünger haben ihm davon berichtet. Sie müssen also versucht haben, Johannes im Gefängnis zu besuchen und wurden zu ihm vorgelassen. War es vielleicht riskant für sie, Johannes zu besuchen?

Wovon hatte Johannes gehört? Es steht geschrieben, dass sie Johannes von den Werken des Christus berichtet hatten. Wir könnten als nächstes fragen, was Christus bedeutet. Welche Werke tat Jesus? Er lehrte, predigte und Er tat Wunder, wie Heilungen und Austreibung von Dämonen.

Was hat Johannes danach gemacht? Es heißt, er sandte zwei Jünger nach Jesus, um ihm Fragen zu stellen.

Vers 3 – Was bedeutet „der kommen soll"? Es ist ein Name für den Messias (auf Hebräisch) oder den Christus (auf Griechisch). Johannes fragt Jesus also, ob Er der Christus ist. Aber das ist nicht die ganze Frage. Er fragt, ob Jesus der Messias sei oder ob er und seine Jünger noch auf jemand anderen warten sollen, der der Messias sein würde.

Wieso wollte Johannes das wissen? Das zwingt uns zu Vermutungen, denn davon steht nichts im Text. Doch wenn wir uns in Johannes' Lage versetzen, können wir einige Fragen stellen und so manche gute Antwort bekommen.

Ist Johannes gerne im Gefängnis? Wahrscheinlich nicht. Ich wäre jedenfalls nicht gerne dort.

Ist Jesus mächtig? Ja. Er erweckt Tote zum Leben und macht Blinde sehend.

Wenn ich Johannes wäre und würde von diesen Dingen hören, würde ich fragen: „Wieso holt Jesus mich hier nicht raus?". Oder sogar:„Hat Er vergessen, dass ich Ihn treu angekündigt habe? Ich habe meinen Auftrag ausgeführt – ich habe auf Ihn hingewiesen, damit die Menschen an Ihn glauben können. Der Messias würde mich nicht im Gefängnis versauern lassen. Wieso bin ich noch hier drin? Vielleicht ist Jesus doch nicht der Messias."

Obwohl Johannes mit angesehen hatte, dass der Heilige Geist auf Jesus hinab kam, fragt er doch, wer Jesus ist.

Hört es sich so an, als würde Johannes an Jesus glauben? Für mich hört es sich so an, als ob Johannes entweder an Jesus zweifelt oder Er will ihn erinnern:„Hallo, vergiss mich nicht!" Vielleicht war Johannes von Jesus auch enttäuscht. Geringstenfalls stellt er Jesus infrage und ist sich nicht so sicher, mit wem er es da zu tun hat.

Welche Mission hatte Johannes? Johannes der Täufer wurde von Gott gesandt, um in der Wüste Buße zu predigen und letztlich auf Jesus als den Messias hinzuweisen, sobald dieser auf der Bildfläche erscheinen würde. Regelmäßige Bibellese (kommt in Kapitel 8) hilft uns, daran zu denken, dass er in Maleachi 4 und Jesaja 40 als der angekündigt wurde, der vor dem Messias kommen würde.

War seine Mission erfolgreich? Ja. Wir lesen in Matthäus 3, Lukas 3 und Johannes 1 davon. Er wies auf Jesus hin mit den Worten: „Siehe, das Lamm Gottes, das die Sünde der Welt hinwegnimmt!" (Johannes 1, 29).

Im selben Kapitel sagte er auch, „Und ich kannte ihn nicht; aber damit er Israel offenbar würde, darum bin ich gekommen, mit Wasser zu taufen. Und Johannes bezeugte und sprach: Ich sah den Geist wie eine Taube vom Himmel herabsteigen, und er blieb auf ihm. Und ich kannte ihn nicht; aber der mich sandte, mit Wasser zu taufen, der sprach zu mir: Der, auf den du den Geist herabsteigen und auf ihm bleiben siehst, der ist's, der mit Heiligem Geist tauft. Und ich habe es gesehen und bezeuge, dass dieser der Sohn Gottes ist" (Johannes 1, 31-34).

Johannes wurde also von Gott auf eine Mission geschickt, und er hat diese Mission vollendet.

Was passierte danach? Johannes' Dienst wurde immer kleiner (das lesen wir in Johannes 3, 26), dann wurde er festgenommen und ins Gefängnis geworfen.

Verse 4-5 – Wie beantwortet Jesus die Frage von Johannes? Jesus antwortet nicht mit Ja oder Nein. Er gibt keine direkte Antwort wie: „Ich bin der, der kommt."

Was sagt Jesus den Jüngern von Johannes? Sie sollen wieder zu Johannes gehen und ihm von dem berichten, was sie selbst gehört und gesehen haben.

Wie nennt man Menschen, die davon berichten, was sie gehört und gesehen haben? Sie werden „Zeugen" genannt. **Was hörten und sahen die Jünger?** Sie sahen das, wovon Jesus gesprochen hat: Blinde wurden sehend, Lahme konnten gehen, Aussätzige wurden rein, Taube konnten hören, Tote wurde zum Leben erweckt. Und sie hörten, wie Jesus ihnen das Evangelium predigt.

Wie muss das gewesen sein? Wahrscheinlich wie die Bergpredigt.

Was hat die Bergpredigt bewirkt? Am Ende der Bergpredigt heißt es, dass die Menschen über Seine Lehre staunten, denn Er lehrte sie wie einer mit Vollmacht und nicht wie die Schriftgelehrten (Matthäus 7, 28-29). Jemanden wie Jesus hatten sie zuvor noch nie gehört.

Was ist an diesen Wundern so wichtig? Wenn wir uns in der Bibel umschauen, werden wir feststellen, dass diese Wunder in Jesaja 35 und 61 angekündigt wurden. Der Messias würde diese Dinge tun.

Wofür sind diese Wunder gut? Sie beweisen, wer Jesus ist: Der Messias, der Kommende, der Eine, der die Prophezeiungen erfüllt.

Vers 6 – Was bedeutet glückselig? Glückselig bedeutet glücklich, mit dem Zusatznutzen: Von Gott glücklich gemacht.

Was bedeutet Anstoß nehmen? Es bedeutet ungehalten sein, verletzt, gestört, verärgert, irritiert, nachtragend.

Was bedeutet es, an jemandem Anstoß zu nehmen? Es bedeutet, dass du nicht magst, was jemand macht. Du sagst, was er tut, sei schlecht.

Was bedeutet es, an Christus Anstoß zu nehmen? Ist das etwas Gutes oder etwas Schlechtes? Es bedeutet, dass du nichts von dem magst, was Jesus tut. Du hältst es für eine schlechte Sache.

Wieso sollte Johannes an Christus Anstoß nehmen? Wieder eine Vermutung: Weil Jesus nicht das tut, was Johannes gerne hätte, nämlich ihn aus dem Gefängnis holen.

Wer hat recht, Johannes oder Jesus? Diese Frage ist erstaunlich, aber wir müssen sie stellen. Hat Johannes das Recht, Anstoß zu nehmen oder hat Jesus das Recht, Johannes im Gefängnis zu lassen?

Wie kann Johannes (oder auch wir) hier eine Entscheidung treffen? Jesus hat ihm alles an die Hand gegeben, um es selbst herauszufinden. Er kann sich anhören, was seine zwei Jünger über Jesus zu sagen haben. Er muss sich zuerst einmal darauf festlegen, wer Jesus ist. Erfüllt er die biblischen Prophetien? Ist Er Gott?

Zweitens darf Johannes, um gesegnet („glückselig") zu sein, keinen Anstoß an Jesus nehmen. Wieso ist Johannes im Gefängnis? Es ist doch so, dass Gott ihn sofort aus der Lage hätte befreien können, aber das hat Er nicht getan. Er hat ihn dort gelassen. Es muss Gottes Wille sein, dass Johannes im Gefängnis ist.

Kann Johannes Gott vertrauen und im Gefängnis Frieden finden? Das kann er, wenn er Gott auch ohne Antworten vertrauen kann. Jesus gibt Johannes keine konkrete Antworten. Johannes muss Gott einfach vertrauen, dass Er weiß, was Er tut.

Schreibe mit eigenen Worten einen Satz, der diesen Versabschnitt zusammenfasst.

Das hier ist mein erster Versuch:

Jesus schickt die Jünger los, um zu lehren und zu predigen und Er tut es auch selbst, und die Jünger kommen zu

Johannes und erzählen ihm, was Jesus tut, deshalb bittet
er sie, Jesus zu fragen, ob Er der Messias ist und Jesus
sagt ihnen, sie sollen Johannes berichten, was sie gesehen
und gehört haben und ihm sagen, dass er glückselig ist,
wenn er keinen Anstoß an Ihm nimmt.

Also, das ist ein furchtbarer Satz, denn es steht dasselbe
wie im ganzen Bibeltext darin. Ich versuche es erneut mit
anderen Worten, um einen annehmbaren, kurzen Satz daraus
zu machen.

Als Jesus und die Jünger lehren und predigen, sendet
Johannes der Täufer nach Ihm um zu fragen, ob Er
der Messias sei und Jesus schickt die Jünger zurück als
Zeugen, die gesehen haben, wer Er ist und Er ermahnt
Johannes, dass Er recht damit tut, ihn im Gefängnis zu
belassen.

Das sieht schon mehr nach dem aus, was wir durch die
Fragestellungen gelernt haben, aber es ist noch immer kein
guter Satz. Ich habe vergessen, die Jünger von Johannes zu
erwähnen, die plötzlich im zweiten Teil auftauchen. Wie kann
ich den Satz besser hinbekommen? Ich versuche es noch
einmal.

Johannes, im Gefängnis, fragt sich, warum ihn Jesus
nicht dort rausholt und sendet zwei Jünger, um Ihn zu
fragen, ob Er wirklich der Messias sei, woraufhin Jesus
die beiden zurückschickt, um Zeugnis darüber abzulegen,
was sie gesehen und gehört haben und ihm einfühlsam
zu sagen, dass Johannes falsch liegt, wenn er Ihm nicht
als Messias vertraut.

Der Satz ist noch zu lang, aber er klingt schon besser,
außerdem fange ich an, die Kernaussage des Abschnitts zu
isolieren. Aber ich bin noch nicht ganz fertig. Ich lasse den
Teil von Jesus, der lehrt und predigt, weg, weil das nicht der

Hauptpunkt zu sein scheint. Ich frage mich also, welcher denn der Hauptpunkt ist und versuche es erneut.

Johannes fragt sich, warum Jesus ihn im Gefängnis bleiben lässt und Jesus sagt ihm, er solle entscheiden, für wen er Ihn hält und Ihm dann vertrauen, dass Er immer alles recht macht.

Schon kürzer, aber noch nicht ganz vollendet.

Johannes mag es nicht im Gefängnis und er fragt sich, wieso Jesus ihn da nicht rausholt und er stellt infrage, wer Er denn sei und Jesus antwortet darauf in Form eines Zeugnisses, das Ihn beschreibt und Er ermutigt Johannes sanft, Ihm auch ohne Antworten zu vertrauen.

Das mag ich jetzt lieber. Beschreibt der Satz, was in diesen Versen passiert? Kannst du einen besseren Satz formulieren?

5. Die Auslegung der Schrift

Paulus ermutigte Timotheus: „Strebe eifrig danach, dich Gott als bewährt zu erweisen, als einen Arbeiter, der sich nicht zu schämen braucht, der das Wort der Wahrheit recht teilt" (2. Timotheus 2, 15). Um das Wort richtig auszuteilen, müssen wir es auslegen können. Das heißt, wir erklären die Bedeutung der Bibelstellen. Wir müssen in der Lage sein, beides zu sagen: „Das bedeutet es" und „Das bedeutet es nicht."

Wir müssen aus folgenden Gründen die richtige Auslegung treffen:

Wir möchten das sagen, was Gott sagt

Gott nimmt Sein Wort ernst. Wir sollen ihm nichts hinzufügen und auch nichts weglassen oder es irgendwie abändern. Doch genau das machen wir durch falsche Auslegung.

Gott sprach durch Jeremia über jene, die sich Propheten nannten und behaupteten, dass sie Sein Wort sprechen würden, aber sie haben nur ihre eigene Botschaft verkündet.

So spricht der Herr der Heerscharen: Hört nicht auf die Worte der Propheten, die euch weissagen! Sie täuschen euch; die Offenbarung ihres eigenen Herzens verkünden sie und nicht [was] aus dem Mund des Herrn [kommt]. Ständig sagen sie zu denen, die mich verachten: »Der Herr hat gesagt: Ihr werdet Frieden haben!« Und zu allen denen, die in der Verstocktheit ihres Herzens wandeln, sprechen sie: »Es wird kein Unheil über euch kommen!« Denn wer hat im Rat des Herrn gestanden und hat sein Wort gesehen und gehört? Wer hat auf mein Wort geachtet und gehört? Siehe, als ein Sturmwind des Herrn ist der Grimm losgebrochen, und ein wirbelnder Sturmwind wird sich auf das Haupt der Gottlosen entladen! Der Zorn des Herrn wird sich nicht abwenden, bis er die Gedanken seines Herzens vollbracht und ausgeführt hat. Am Ende der Tage werdet ihr es erkennen und verstehen! Ich habe diese Propheten nicht gesandt, und doch sind sie gelaufen; ich habe nicht zu ihnen geredet, und doch haben sie geweissagt. Hätten sie in meinem Rat gestanden, so würden sie meinem Volk meine Worte verkündigen und sie abbringen von ihrem bösen Weg und von ihren schlimmen Taten! Bin ich denn nur Gott in der Nähe, spricht der Herr, und nicht auch Gott in der Ferne? Oder kann sich jemand so heimlich verbergen, dass ich ihn nicht sehe? spricht der Herr. Erfülle ich nicht den Himmel und die Erde? spricht der Herr. Ich habe gehört, was die Propheten reden, die in meinem Namen Lügen weissagen und sprechen: »Ich habe einen Traum gehabt, ich habe einen Traum gehabt!« Wie lange soll das noch gehen? Soll etwa die falsche Weissagung im Herzen der Propheten bleiben? Und die Propheten, die selbsterfundenen Betrug weissagen, haben sie nicht im Sinn, bei meinem Volk meinen Namen in Vergessenheit zu bringen durch die Träume, die sie einander erzählen, gleichwie ihre Väter meinen Namen vergessen haben über dem Baal? Der Prophet, der einen Traum hat, der erzähle den Traum; wer aber mein Wort hat, der verkündige mein Wort in Wahrheit! Was hat das Stroh mit dem Weizen gemeinsam? spricht der

Herr. Ist mein Wort nicht wie ein Feuer, spricht der Herr, und wie ein Hammer, der Felsen zerschmettert? Darum siehe, ich komme über die Propheten, spricht der Herr, die meine Worte stehlen, einer dem anderen; siehe, ich komme über die Propheten, spricht der Herr, die ihre eigenen Zungen nehmen und behaupten: »Er hat geredet!« Siehe, ich komme über diejenigen, spricht der Herr, die Lügenträume weissagen und sie erzählen und mit ihren Lügen und ihrem leichtfertigen Geschwätz mein Volk irreführen, während ich sie doch nicht gesandt und ihnen nichts befohlen habe, und sie diesem Volk auch gar nichts nützen! spricht der Herr. Jeremia 23, 16-32

Dieser lange Bibeltext warnt, dass Propheten nur das Wort sprechen sollen, was sie von Gott empfangen haben. Legen wir die Bibel richtig aus, dann können wir sagen: „So spricht der Herr." Dann ist es auch wirklich das, was Gott sagen möchte.

Um richtig zu leben, müssen wir richtig glauben

Wie wichtig ist die Wahrheit in unserem Leben? Wenn wir der Wahrheit glauben, dann werden wir auch angemessen leben. Wir werden uns nicht täuschen lassen, keiner kann uns etwas vormachen. Aber was, wenn wir etwas Falsches glauben und wir unser Leben nach dieser falschen Vorstellung ausrichten? Dann wird unser Leben nicht die Wirklichkeit Gottes reflektieren und wir sind keine echten Zeugen Gottes.

Manche Menschen behaupten, es sei egal, was man glaubt, solange man es ernst meint.

Ernst meinende Menschen in nichtchristlichen Religionen und Sekten glauben über Jesus etwas Falsches. Meistens, dass Er nicht der Sohn Gottes oder dass Er nicht Gott sei. Der

Apostel Johannes sagt, diese Menschen können Gott nicht kennen, wenn sie nicht „richtig" an Jesus glauben.

„Wer ist der Lügner, wenn nicht der, welcher leugnet, dass Jesus der Christus ist? Das ist der Antichrist, der den Vater und den Sohn leugnet. Wer den Sohn leugnet, der hat auch den Vater nicht. Wer den Sohn bekennt, der hat auch den Vater." 1. Johannes 2, 22-23

Wer leugnet, dass Jesus Gott ist, leugnet auch den Vater. Sie „folgen" Gott so, wie sie Ihn erfassen, doch in Wirklichkeit wurden sie getäuscht und betrogen. Sie kennen nicht den wahren Gott. Sie halten sich für gerecht vor Gott, doch in Wirklichkeit widersetzen sie sich Ihm. Saulus von Tarsus ist ein klassisches Beispiel dafür. Er glaubte, er würde Gott dienen, als er die Christen verfolgte. Es reicht also nicht, es ernst zu meinen, wir müssen die Wahrheit kennen. Damit wir richtig leben können, müssen wir die Bibel richtig verstehen.

Die richtige Auslegung führt zur richtigen Anwendung

Dieser Punkt ist sehr eng mit dem letzten verwandt. Was ist, wenn wir die Bedeutung einer Bibelstelle falsch verstehen? Dann werden wir sie auch falsch anwenden. Am Ende machen wir etwas, was Gott uns gar nicht gesagt hat.

Der Leiter einer Gemeindebewegung hat in 5. Mose 16, 16 gelesen: „Sie sollen mit leeren Händen vor dem Herrn erscheinen." Er fand das erstaunlich und ungewöhnlich. „Wieso mit leeren Händen vor Gott kommen?", dachte er bei sich. Er legte diesen Vers für sich so aus, dass sie vor dem Herrn keine Agenda haben sollten, sondern Ihn suchen und sagen sollten: „Herr, hier sind wir mit leeren Händen. Bitte fülle Du unsere Hände mit Deinen Plänen." Das lehrte er Pastoren auf Konferenzen - jahrelang.

Erst Jahre später fiel ihm auf, dass er den Vers falsch gelesen hatte. Dort stand nämlich, dass keiner mit leeren Händen vor dem Herrn erscheinen soll. Seine Betrachtung war schon falsch und deshalb auch seine Auslegung, was schließlich zu einer falschen Anwendung führte. Es ist eine gute Idee, den Herrn zu bitten, uns Seinen Willen zu zeigen, aber dieser Vers lehrt das nicht.

Wir wollen verstehen, was Gott sagt, damit wir Seine Lehre richtig anwenden können.

Die Auslegung wird durch viele Betrachtungen einfacher

Viele gründliche Betrachtungen werden uns zur richtigen Auslegung verhelfen. Je mehr wir betrachten und beobachten, Fragen stellen und Antworten bekommen, umso leichter können wir sagen: „Das steht im Text." Je weniger Zeit wir mit dem Betrachten verbringen, umso häufiger werden wir vermuten müssen. Das ist jedoch mit einem größeren Risiko verbunden, weil wir ja nicht wirklich wissen können, was der Text aussagt.

Viele gründliche Betrachtungen werden uns zur korrekten Anwendung führen, weil sie alles andere verdrängen bzw. ausschließen. Die richtige Auslegung wird alles, was wir in dem Text ausfindig gemacht haben, mit einbeziehen. Wenn unsere Auslegung einer Beobachtung widerspricht, kann sie nicht richtig sein. Die richtige Bedeutung eines Textes sollte so gut passen wie der gläserne Schuh von Aschenputtel. Es ist ein Märchen, ich weiß, aber die Beschreibung passt gut.

Falls jemand das Märchen nicht kennt, es geht um einen Prinzen, der auf der Suche nach diesem wunderschönen Mädchen war, das vor ihm weggelaufen war und dabei einen gläsernen Schuh verloren hatte. Der Prinz kannte weder ihren

Namen, noch wusste er, wo er sie finden konnte. Also suchte er in seinem ganzen Königreich nach dem Mädchen, dem der gläserne Schuh passen würde. Viele Frauen versuchten, ihren Fuß in den Schuh zu quetschen, aber er passte keiner so richtig. Nur die eine, der dieser Schuh richtig passte, konnte die Richtige sein. Schließlich fand er sie und wenn sie nicht gestorben sind, dann leben sie noch heute.

Damit will ich sagen, dass die richtige Anwendung ganz ohne Anstrengung passen wird. Wir werden uns nicht mit einer beliebigen Bedeutung zufrieden geben oder die Bibelstelle solange zurechtschneiden, bis sie zu unserer Theorie passt, sondern wir wollen die wahre Bedeutung finden. So wie in dem Märchen, als das richtige Mädchen den Schuh anprobierte, passte er wie angegossen. Wir sollten die Verse nicht mit aller Gewalt in eine Form pressen, die zu unserer eigenen Auslegung passt. Die Auslegung sollte wie angegossen sein und in den Kontext der Bibelstelle passen. Wenn die Auslegung mit anderen Versen kollidiert, kann sie nicht richtig sein. Dann müssen wir zurück zu Punkt eins gehen und weitere Betrachtungen sammeln, denn je mehr wir haben, umso mehr werden sie uns zur korrekten Bedeutung führen.

Diese Regel ist sehr wichtig: Je mehr Zeit wir uns für die Betrachtung nehmen, umso weniger Zeit werden wir für die Auslegung brauchen.

Auslegungsfallen vermeiden

Den Text falsch lesen. „Denn die Geldgier ist eine Wurzel alles Bösen" oder „Geld ist die Wurzel alles Bösen"? Das Überlesen von Textteilen ist die unverzeihliche Sünde der Auslegung. Damit wird sichtbar, dass du deine Hausaufgaben nicht richtig gemacht hast, denn du hast den ersten Schritt dieser Methode übersprungen – die Betrachtung.

Der Text wird verzerrt. Verzerren: Etwas von der wahren Bedeutung verdrehen oder aus dem Inhalt zu reißen. Etwas aus dem Text herauslesen, was gar nicht drinsteht, was du aber gerne daraus lesen möchtest.

Der Text widerspricht der Deutung. Wenn die Auslegung im Widerspruch zu dem steht, was Gott tatsächlich gesagt hat, wie es z.B. die Schlange in 1. Mose 3, 1-4 getan hat oder wenn Gottes Wesen widerspricht.

Subjektivismus. Die Bedeutung eines Textes findet sich im Text und nicht darin, was ich glaube, das dieser Text bedeutet. Der Text bedeutet das, was der Autor ausdrücken wollte, als er den Text schrieb: es ging ihm um eine Sache, nicht um einen ganzen Haufen. Diese eine Sache lässt sich vielleicht auf vielerlei Arten anwenden, aber der Text kann nur eine Aussage haben.

Relativismus. Die Bedeutung des Textes verändert sich nicht mit der Zeit oder mit Veränderungen in Kultur, Technologie oder sozialen Werten. Er bedeutet heute noch dasselbe wie zum Zeitpunkt der Niederschrift.

Vermessenheit. Hochmut macht arrogant und unbelehrbar. „Keiner kann die Bibel verstehen, der nicht schon hundert Jahre mit ihr gelebt hat. Es ist wahr. Wir alle sind Bettler." (Eine Notiz, die man nach seinem Tod in der Tasche von Martin Luther gefunden hat.) Mit der Zunahme an Erkenntnis sollte auch unsere Demut wachsen. Können wir alles wissen? Auch ein Lehrer muss belehrbar bleiben.

Bestimme, welche Art von Text du studierst

Ausführung. Geradlinige, sachliche Kommunikation. Die Briefe sind allgemein so aufgebaut, dass erst die Doktrin kommt und dann die Anwendung. Die Argumentation geht über in eine Schlussfolgerung. Es gibt einen roten Faden, der nicht abreißt.

Bericht und Biographie. Erzählungen von Ereignissen, Vorfällen und vom Leben der Menschen. Halte Ausschau nach der Handlung (was geschieht?), Charakterisierung (was passiert mit den Menschen in der Geschichte, wie werden sie verändert/nicht verändert?), was ist lebensecht (welche Fragen wirft der Text auf, wie gehen die Menschen mit Problemen um, welche Lektionen lernen sie?).

Gleichnisse. Ein Gleichnis ist eine kleine Geschichte, die ein moralisches Prinzip verdeutlicht. Suche nach der Pointe.

Dichtung. Suche nach Parallelismen der hebräischen Dichtung, in der sich der Gedanke reimt, nicht das Wort. Manchmal wird ein Gedanke wiederholt, manchmal wird ein Gedanke weitergeführt. Es kann auch eine Gegenüberstellung von Vorstellungen oder Ideen geben (Näheres dazu weiter unten). Weisheit ist die Kunst, sein Leben recht und ansehnlich zu leben und sich Gedanken über Handlungen und deren Konsequenzen zu machen. Es ist schwer, aufrichtig zu leben. Schlecht zu leben ist leicht.

Prophetie und Apokalypse. Betrifft hauptsächlich Daniel und die Offenbarung. Zwei Gesichtspunkte ihrer Botschaft: Eine Warnung aufgrund der Situation jener Zeit und eine Beschreibung der Situation, die noch in der Zukunft liegt. Suche nach teilweise und nach vollständig erfüllten Prophetien. Die Symbole in der Offenbarung wurden häufig an anderer Stelle schon verwendet, was bei ihrer Deutung hilfreich ist. Sei nicht zu dogmatisch bei der Auslegung bis ins kleinste Detail. Suche eher nach dem Gesamtbild.

Wie kann deine Auslegung präzise bleiben?

Inhalt. Wenn du weißt, was im Text steht, kannst du ihn nicht verdrehen. Leite nicht zu viel vom Text ab.

Zusammenhang. Das betrifft den Text, der unmittelbar vor und nach dem betroffenen Textabschnitt steht und der die Bedeutung noch mehr unterstreichen kann. Um die Bedeutung klarer abzugrenzen, sollest du dir den Text von höherer Perspektive ansehen und auch die Teile davor und danach mit in Betracht ziehen.

Literarisch – was passiert vor und nach dem Text?

Historisch – in/von welcher Periode handelt der Text?

Geographisch – wo findet die Handlung statt? Welches Gebiet? Wie weit, wie tief, wie hoch?

Theologisch – wie gut kannten die Menschen Gott zu jener Zeit?

Vergleichen. Greife auf verschiedene Bücher zurück, um die Fakten zusammenzutragen: biblische Lexika, Atlanten, Nachschlagewerke.

Verwende eine Konkordanz um nachzuschlagen, wo bestimmte Wörter und Inhalte sonst noch verwendet werden und wo bestimmte Personen noch in Erscheinung treten.

Kommentare. Überprüfe, ob die Autoren mit deiner Anwendung übereinstimmen. So erhältst du Informationen von Menschen, die sich durch sämtliche Literatur durchgearbeitet und die unterschiedlichen Ansichten zusammengefasst haben. Erhalte Einblicke in Sprachgebrauch, Kultur, verschiedene Lesarten usw. Greife erst am Ende darauf zurück, nicht am Anfang. Wir möchten zuerst für uns selbst einen Text betrachten und anschließend sehen, was andere dazu zu sagen haben.

(Diese Ideen stammen aus dem Buch „Bibellesen mit Gewinn" von Howard Hendricks und William Hendricks, Christliche Verlagsgesellschaft, 1. Januar 2012. Meiner Meinung nach ist dies das beste Buch, das je über persönliches Bibelstudium geschrieben wurde. Ich kann dir den Kauf des Buches wärmstens empfehlen, so kannst du vom Meister des Fachs lernen.)

6. Und jetzt? Praktische Anwendung

Wir haben intensiv daran gearbeitet, einen biblischen Text zu betrachten. Wir haben hart an der Auslegung gearbeitet, so dass wir sagen können: „Folgendes sagt dieser Text aus." Nachdem wir also die Bedeutung eines Textes herausgefunden haben, gehen wir jetzt einen Schritt weiter in die Praxis. Wir fragen uns jetzt: „Wenn das also wahr ist, was soll ich dann in Anbetracht dieser Erkenntnis machen?"

Manchmal ist es den Zuhörern nicht so klar, was sie aufgrund unserer Predigt nun tun sollen. So erging es auch Petrus in Apg. 2, 37:

> Als sie aber das hörten, drang es ihnen durchs Herz, und sie sprachen zu Petrus und den übrigen Aposteln: Was sollen wir tun, ihr Männer und Brüder?

Das lag nicht daran, dass Petrus ein schlechter Lehrer war; im Gegenteil, er hat das wirklich sehr gut gemacht. Aber jetzt mussten diese Menschen hören, was genau sie tun sollten. Also erklärte ihnen Petrus **die Anwendung** seiner Predigt, die Antwort auf die Frage, „Wenn das also wahr ist, was soll ich in Anbetracht dieser Erkenntnis machen?" Und jetzt werden wir lernen, wie wir dies vermitteln können.

Finde die Prinzipien und Gebote der Schriftstelle und wende sie an

Es ist der Zweck eines Bibelstudiums, die daraus gezogene Lehre in die Tat umzusetzen. Wenn wir lediglich die Predigt hören, aber nicht das tun, wozu sie uns aufruft, täuschen wir uns selbst. Wir möchten unsere Zuhörer dazu ermutigen, auf Gott zu antworten.

Stelle Fragen, präsentiere die Anwendung in Form einer Frage. Was wird passieren, wenn wir tun, was die Bibelstelle sagt? Was, wenn wir es nicht tun?

Frage dich, was Gott wohl möchte, das du als Reaktion auf die Bibelstelle tun solltest.

Gibt es ein **Beispiel**, dem ich folgen kann?
Gibt es eine **Sünde**, die es zu vermeiden gilt?
Gibt es eine **Verheißung**, auf die ich mich berufen kann?
Gibt es ein **Gebet**, das ich beten kann?
Gibt es ein **Gebot**, dem ich folgen kann?
Gibt es eine **Voraussetzung**, die ich erfüllen muss?
Gibt es einen **Vers**, den ich auswendig lernen sollte?
Gibt es einen **Fehler**, den ich mir merken sollte?
Gibt es eine **Herausforderung**, die ich annehmen muss?

Versetze dich in die Schriftstelle und wende sie für dich persönlich an. Was für dich gilt, gilt oft auch für andere.

7. Vom Bibelstudium zur Predigt

Bisher haben wir Wörter untersucht und betrachtet, was uns zur Auslegung eines Textes geführt hat. Das tun wir, um die Kernaussage zu verstehen und die Verbindung der Unterpunkte zu der Hauptaussage zu begreifen. Die Gliederung ist ein Analysewerkzeug. Die Botschaft steht ja schon im Text. Wir wollen die Struktur des Textes verstehen. Unsere Gliederung wird so zum Startpunkt der Predigt.

Erstelle eine Gliederung von dem Bibeltext

A. Fasse die Gedanken grob zusammen und schreibe sie auf. Finde die natürlichen Absätze.

B. Finde die Vorstellungen, Behauptungen und Gründe. Nummeriere die Hauptpunkte.

C. Lege die Unterpunkte fest, die unter jedem Hauptpunkt stehen.

D. Bestimme, wie die ganzen Aussagen zusammenhängen und suche erst danach einen Titel für diesen Abschnitt.

Bestimme, was gelehrt werden soll – der Vorsatz

A. Frage dich: „Was muss ein Christ von dieser Bibelstelle wissen? Was soll er tun?" Liste die Punkte auf.

B. Welche Prinzipien werden in dieser Bibelstelle gelehrt? Liste die Prinzipien auf.

Es ist deine Aufgabe, dass die Menschen die Konzepte und Prinzipien lernen, die sich aus dem jeweiligen Text ergeben.

Struktur einer Predigt: Anfang, Mittelteil, Ende

A. Anfang: Die Einführung erstellen

1. Zeige auf, warum diese Bibelstelle für die Zuhörer von Bedeutung ist. Warum beschäftigen wir uns mit dieser Bibelstelle und nicht mit einer anderen? Wieso sollte jemand hören, was diese Stelle zu sagen hat?

2. Zeige den Zusammenhang. Wenn du eine Serie von zusammenhängenden Predigten machst, wie passt diese Stelle in den Zusammenhang? Vielleicht wirst du einen kurzen Rückblick machen wollen, damit die Zuhörer deiner Vorstellung folgen können, aber komm zum Punkt.

3. Fasse dich kurz und sei wirksam! Hole das Beste aus deinen ersten fünfundzwanzig Worten raus.

4. Wecke Interesse. Stelle Fragen; baue eine Spannung auf, die deine Predigt auflösen wird.

5. Lass dir durch das Verfassen einer Einführung nicht die Zeit stehlen. Wenn du kaum Zeit hast, befasse die zuletzt mit der Einführung. Bis dahin wirst du auch eine bessere Vorstellung davon haben, was du eigentlich sagen möchtest.

6. Du kannst die Bibelstelle, über die du predigen möchtest, zuerst vorlesen, so bekommen die Zuhörer den ganzen Inhalt mit. Oder du liest den Text abschnittweise vor und führst ihn Schritt für Schritt aus, um am Ende die Anwendung zu erläutern.

B. Mittelteil: Das kannst du lehren

1. Habe einen Plan. Es sollte einen roten Faden geben, eine Art logische Abfolge, sodass jeder Punkt mehr Erkenntnis bringt. Eine Vorstellung sollte zur nächsten führen und nicht

ein Haufen von Ideen, die der Zuhörer für sich selbst sortieren muss.

2. Erkläre den Text. Präsentiere deinen Zuhörern weitere bestätigende Fakten und Erkenntnisse aus deiner Vorbereitungszeit sodass der Text im Groben klar wird. Gib für bestimmte Teile des Textes schon in dieser Phase eine praktische Anwendung.

C. Ende: Löse die Spannung auf, lass sie wissen, dass hier das Ende kommt

1. Lande das Flugzeug, dreh nicht noch eine Runde über der Landebahn.

Damit meine ich folgendes: Schaffe ein echtes Ende. Ich habe mal von John Coltrane gelesen, ein Jazz- Saxophonist, der für seine halbstündigen Solos bekannt war, dass er bei sich bei Miles Davis klagte: „Ich weiß nicht, wie ich ein Solo beenden kann!"

Miles sagte daraufhin, „Nimm das Mundstück aus dem Mund."

Du musst deine Predigt deutlich enden, rede nicht immer weiter und weiter. Aber wir sollten nicht einfach aufhören zu sprechen. Wir sollten Predigten halten, die einen deutlichen Punkt hinter ihrem Abschluss erkennen lassen. Anstatt irgendein Ende zusammenzubasteln, sollten wir wissen, in welche Richtung wir gehen und unsere Zuhörer mit uns dorthin nehmen.

Sage niemals:„Und das wird jetzt wirklich meiner letzer Punkt sein." Das lenkt die Aufmerksamkeit von der Predigt auf die Uhr. Arbeite nicht gegen dich. Wenn du merkst, dass es zu lange dauert, dann leg einen Zahn zu, komme zum Punkt und beende die Predigt.

2. Wende die Bibelstelle an

Die Predigt weist immer auf eine Aussage hin, die wir annehmen, auf die wir vertrauen oder woraufhin wir handeln müssen. Mach das deutlich - mach es praktisch. Frage sie: „Tust du das?"

3. Wie man noch enden kann:

Eine Zusammenfassung, ein Beispiel, ein Zitat, eine Frage, ein Gebet.

Mach deinen Punkt

Es gibt nur eine begrenzte Anzahl von Möglichkeiten, wie du deinen Punkt in der Predigt verständlich vermitteln kannst, damit die darin liegende Botschaft verstanden wird.

Wiederholen. Sag es nochmal. Deine Zuhörer können nichts zurückspulen, um es sich ein zweites Mal anzuhören. Du kannst einer Aussage mehr Gewicht geben, indem du sie während der Predigt des Öfteren wiederholst.

Neu formulieren. Sage das gleiche in anderen Worten. Wiederhole also den Gedanken und variiere die Wortwahl. Wenn du neue Wege findest, einen Gedanken auszudrücken, kannst du deinen Punkt verdeutlichen, ohne dabei langweilig zu wirken.

Definieren. Durch Definition bestimmst du, was in einen Satz oder in eine Aussage gehört und was nicht hineingehört. Worte können abstrakt sein. Es ist deine Aufgabe, sie zu konkretisieren. Verwende Beispiele.

Erklären. Wie funktioniert diese Sache? Wie groß ist sie? Wie viel? Was impliziert ein Gedanke? Wie lässt er sich mit anderen Gedanken/Vorstellungen verbinden?

Fakten. Verwende Beobachtungen, Beispiele, Statistiken und andere Daten, die sich auch ohne Prediger verifizieren lassen. Verwende Ideen, gib praktische Anwendungsbeispiele.

Überprüfe, ob die von dir gesammelten Fakten auch stimmen.
67 Prozent aller zitierten Statistiken sind falsch! (Das habe
ich gerade erfunden!)

Erzähle eine Geschichte. Formuliere das Geschehen neu.
Gehe mehr ins Detail, bringe sie auf den neuesten Stand,
gehe auf die lebensnahen Bestandteile ein. Gib anhand einer
Geschichte Informationen zum historischen Hintergrund,
zur Situation oder den Menschen, die in diesem Bibeltext
eine Rolle spielen. Greife auf eigene Erfahrungen und Erleb-
nisse zurück, aber mach dich nicht selbst zum Helden. Wenn
du dieselben Geschichten ständig wieder erzählst, werden
sich deine Zuhörer langweilen. Verwende Geschichten von
Freunden und Familie immer nur mit deren Zustimmung.

Bildliche Darstellung. Eine Illustration ist wie ein Fens-
ter, das Licht in einen Raum scheinen lässt. Sie soll deinen
Punkt klar machen. Du kannst Gedanken und Ideen neu
formulieren, erläutern, beweisen oder anwenden, indem du sie
mit leicht verständlichen Erlebnissen oder Gegenständen in
Verbindung bringst. Die ganze Schöpfung kann dazu dienen,
geistliche Konzepte bildlich darzustellen.

Zitate. Zitiere jemanden, wenn das Zitat so passend ist,
dass du es nicht besser ausdrücken könntest. Aber investiere
nicht zu viel in die Suche nach Zitaten. Es sollte ganz von al-
leine in der Literatur zu finden sein, die du gerade liest. Sonst
kann es sich gekünstelt anhören.

Humor. Erzähle einen Witz, werde sarkastisch oder iro-
nisch, aber es muss im Rahmen bleiben. Humor kann schnell
über das Ziel hinausschießen. Nimm es nicht zu sehr auf die
leichte Schulter, dein Humor sollte natürlich kommen.

Mache Notizen

Notizen sollen dich daran erinnern, was du sagen möchtest und dich beim Thema halten, damit du eine klare und verständliche Predigt halten kannst, die anderen in Erinnerung bleibt. Das ist ein praktischer Gesichtspunkt, der dir dabei helfen kann, deine geistliche Arbeit optimal zu verrichten.

Verschiedene Formate für deine Aufzeichnungen

Gliederung. Das ist ein „Weniger ist mehr"-Format. Bestimme deinen Hauptpunkt oder Unterpunkt oder Unter-Unterpunkt usw. Wenn deine Gedanken präzise sind, kannst du dich auch präzise ausdrücken. Wenn alles ein großes Durcheinander ist, werden sich deine Zuhörer darin verlieren. Lege deine Hauptpunkte und die unterstützenden Unterpunkte fest.

Eine Gliederung kann dir helfen, deine Gedanken klarzustellen, zu organisieren und ihnen Struktur zu geben.

Pro: Sie verleiht ein besseres Gefühl für Struktur, sie ist übersichtlich; sie hilft dir, die Predigt klar vorzutragen.

Kontra: Wenn deine Gliederung nicht detailliert genug ist, erinnerst du dich vielleicht nicht mehr daran, was du eigentlich sagen wolltest.

Die Predigt komplett ausformulieren. Du schreibst alles auf, Wort für Wort, von der Einführung bis zum Schlusswort.

Pro: Es hilft dir dabei, in Absätzen zu denken. Schreiben hilft, deine Gedanken auszuarbeiten, wie du Dinge ausdrücken möchtest. Es ist hilfreich für Überleitungen. Du kannst dein Manuskript jederzeit verlassen, falls der Heilige Geist dir den Eindruck gibt, deiner Predigt noch etwas hinzuzufügen.

Kontra: Es braucht Disziplin, deutlich zu schreiben. Es ist nicht so einfach, Punkte zu überspringen, falls du während der Predigt den Eindruck hast, etwas abzuwandeln (das kann passieren). Wenn du an dein Manuskript gebunden bist, kann deine Freiheit eingeschränkt sein.

Gar keine Notizen. Manche ziehe es vor, ihre Vorbereitungen vom Heiligen Geist gebrauchen zu lassen und sie verlassen sich auf ihre Gabe der Prophetie. Das kann gewinnbringend sein, wenn du dich zu sehr von deinem Skript ablenken lässt. Manchmal gebraucht Gott das, damit wir uns noch mehr auf Ihn verlassen. Ein Nachteil kann allerdings sein, dass es unseren Zuhöreren langweilig wird, wenn wir keine Schnelldenker sind. Es kann passieren, dass wir selbst verwirrt sind und dann auch unsere Zuhörer verwirren, wenn wir die Dinge so aussprechen, wie sie uns in den Sinn kommen. Wenn unsere Gedanken organisiert sind, ist es für andere viel einfacher, unseren Gedankengängen zu folgen.

Probier einfach aus, was für dich am besten funktioniert. Bete für Einsicht, lies Bücher zum Thema Lehren/Predigen und arbeite deine Methode aus. Dann musst du nicht mehr über soviel nachdenken müssen, wenn du mal unter Zeitdruck bist.

Praktische Erwägungen zum Verfassen eines Skriptes.

Verwende ein passendes Papierformat. Wo wirst du predigen? Stehst du an einer Kanzel, hast du einen Schreibtisch oder liegt deine Bibel auf deinem Schoß? Dein Skript sollte so groß sein, dass es in der jeweiligen Situation hilft, so effektiv wie möglich zu arbeiten.

Schreib leserlich! Du solltest deine eigenen Aufzeichnungen lesen können! Sie sollten dir nützlich sein, nicht dein Leben komplizierter machen.

Bildliche Darstellung: Schreibe deine Geschichten und Illustrationen mit genügend Worten auf, damit du weißt, was du sagen wolltest. Was dir heute noch im Kopf ist, kann dir morgen oder in einem Jahr schon rätselhaft sein.

Wie viele Seiten sollte deine Predigt umfassen? So viele Seiten wie nötig! Verschwende ganze Wälder, wenn nötig. Behalte deine Zuhörer im Blick und schätze ihre Aufnahmefähigkeit ein. Es macht keinen Sinn, mehr Wasser auszuschütten, als der Becher halten kann.

Wenn du erst einmal ein Gefühl dafür bekommen hast, wie lange deine Predigten durchschnittlich dauern, kannst du anhand deiner Seitenzahl ausmachen, wie lange du in etwa für die Predigt brauchen wirst. In einer Gemeinde, in der ich sieben Jahre gepredigt habe, waren vier DIN A4-Seiten meistens genug. Bei mehr als vier Seiten musste ich mich dann fragen, ob ich überhaupt die ganze Predigt in einem Gottesdienst schaffen würde. Wenn du feststellst, dass du mehr Notizen hast als normal, dann denke darüber nach, die Predigt aufzuteilen. Dann kannst du dich wieder darauf konzentrieren, die erste Hälfte gut zu beenden.

Mache dich mit deinem Sript vertraut. Übe ein paar Mal. Das soll dich nicht zu einem besseren Darsteller machen, sondern dich mit deinen Notizen vertraut machen. Wenn du die Struktur deiner Predigt kennst, wirst du nichts vorwegnehmen und nichts versehentlich überspringen. Wenn du später nämlich versuchst, den Punkt noch unterzubringen, kann das die Zuhörer verwirren und deinen logischen Aufbau durcheinanderbringen. Wenn du dir dein Skript laut vorliest, fällt dir vielleicht eine Stelle auf, die sich zwar schön liest, die aber gar nicht zu deiner Ausdrucksweise passt. Dann kannst du diese Stelle neu formulieren, so dass du sie flüssig vortragen kannst.

Wenn nötig, kannst du am Rand mit einem roten Stift noch Stichpunkte eintragen, Überleitungen markieren oder dir selbst einen Hinweis geben, wie z.B.: „Jetzt Verse 3-7 vorlesen".

Dein Skript soll dir nützlich sein. Es muss nicht so sein wie das von jemand anderem. Du wirst nicht so predigen wie jemand anderes.

Robs Methode

Ich predige mit einer Bibel in Großdruck. Auf einer Kanzel ist sie gut lesbar. Früher habe ich mir klitzekleine Notizen auf einem Blatt Papier gemacht, weil mein Pastor mir mal seine Notizen gezeigt hatte und ich dachte, dass man das so machen müsste. Später dachte ich dann: „Wieso muss ich das so machen? Ich kann meine eigenen Notizen nicht lesen! Sie sollen meine Arbeit doch erleichtern, nicht erschweren!"

Ich nehme die Rückseite von halben DIN A4 Seiten, die ich nicht mehr brauche. Sie passen gut in meine Predigtbibel und man sieht das Manuskript nicht so herausragen wie bei größerem Papier. Ich verwende bereits beschriebene Blätter, weil es dann nicht so tragisch ist, wenn ich mal nicht weiterkomme und ein Blatt verwerfe, um nochmal neu anzufangen. Oder ich schneide einen Teil ab und hefte den Rest mit einem Tacker auf ein neues Blatt.

Zudem ist das Papier bereits gelocht, so fallen dem Locher keine Buchstaben oder gar ganze Wörter zum Opfer und ich kann meine Notizen später abheften, denn ich bewahre sie grundsätzlich auf. Zum einen habe ich dafür zu hart gearbeitet, zum anderen kann ich die Predigt woanders noch einmal halten. Ich schreibe mir eine kleine Anmerkung auf die erste Seite, wenn ich den Eindruck hatte, dass Gott die Predigt gesegnet hat. Wenn Gott schon einmal gesegnet hat, wird Er es wahrscheinlich auch ein zweites Mal tun, sofern ich den Eindruck habe, dass ich sie erneut halten soll. Ich vermerke auch, wenn eine Predigt meiner Meinung nach nicht so gut angekommen ist.

Ich schreibe das Manuskript teils in Form einer Gliederung und teilweise auch ganz ausgeschrieben. Die Gliederung hilft mir, die Predigt in einem logischen Gedankenfluss zu strukturieren. Das, was ich sagen will, schreibe ich in ganzer Länge auf, so habe ich die verschiedenen Punkte gut durchdacht, die Übergänge fließen ineinander über, ich weiß, wie ich mich ausdrücken will und ich muss mir nicht erst vor den Zuhörern zusammenreimen, wie ich etwas am besten sagen kann. Ich möchte stets für Gottes Handeln offen sein, wenn Er mir während der Predigt ein Wort der Erkenntnis oder der Weissagung gibt, aber sollte Er nichts weiter hinzufügen, habe ich immer noch eine komplette Predigt, zu der ich zurückkehren kann.

Sofern ich die Verse nicht schon in meinem Manuskript ausgeschrieben habe, mach ich mir ein Lesezeichen an die jeweiligen Bibelstellen, damit ich sie nicht dann erst suchen muss.

Ich glaube, dass Gott mich während meines Bibelstudiums salbt und auch während meiner Predigt.

8. Hör nicht auf zu wachsen

Der Gedanke, durch die gesamte Bibel zu lehren, kann einen sehr überwältigen. Du brauchst Tiefe und Erfahrung. Du musst die Bibel verstehen lernen. Wie kannst du an diesen Punkt kommen? Ich habe oft gedacht: „Wäre es nicht toll, als 60-jähriger Prediger im Dienst anzufangen, der schon 40 Jahre Erfahrung hat?"

Es gibt keine Sofortlösung, um die ganze Bibel zu lehren, aber du kannst hineinwachsen.

Gott hat das Leben so geschaffen, dass wir klein anfangen, um dann zu wachsen und uns zu entwickeln. Ein Teil dieses Wachstums hängt von Gott ab, der andere Teil von uns. Gott gibt uns Leben und Potential; wir üben und lernen und wachsen. Wenn wir unsere Lehrfähigkeiten trainieren, werden wir darin immer besser.

Das Lehren ist eine Gabe des Heiligen Geistes, die Er denen schenkt, die Er sich aussucht. Entweder du hast die Gabe oder du hast sie nicht. Wir wählen keinen Dienst aus. Er wählt uns aus. Woran erkennst du, ob du diese Gabe hast? Weil du es schon ganz von selbst machst. Weil Gott dich so erschaffen hat. Du hast die Fähigkeit, jemand anderem etwas beizubringen. Du hast die Geduld, solange mit den Menschen zu arbeiten, bis sie es kapiert haben. Du freust dich, wenn sie das Konzept begreifen und ihr Leben danach ausrichten. Und du wirst auch Wissensdurst besitzen. Mein Pastor sagte mal:

Wer die Gabe des Lehrens hat, hat auch die Gabe des Studierens. Sie gehen Hand in Hand. Wenn du nicht gerne studierst und lernst, wäre es nicht besonders sinnvoll, wenn Gott dich zu einem Lehrer machen würde.

Gott möchte, dass wir wachsen und uns weiterentwickeln, indem wir das einsetzen, was Er uns gibt. Er hat uns Muskeln gegeben. Wenn wir sie einsetzen, werden sie wachsen. Aber das Gegenteil stimmt auch: Wenn wir unsere Muskeln nicht einsetzen, werden sie schwinden. Was auch immer wir haben, es wird entweder wachsen, weil wir es einsetzen oder es wird schwinden, weil wir es nicht einsetzen.

Der Herr gibt uns ein unglaubliches Potential: Leben, unseren Verstand und Körper, den Heiligen Geist, der uns Kraft gibt. Und dann setzen wir dieses Potential in die Tat um: Wir leben und üben und entwickeln uns und wachsen.

Dabei entwickeln wir unser Leben weiter. Unser Leben ist Teil des Verkündigungsdienstes. Unsere Predigten kommen aus unserem Leben. Was wir sagen, muss sich mit unserem Leben decken, denn sonst sagen wir das eine mit dem Mund, doch unser Leben spricht etwas ganz anderes. Deshalb müssen wir unser Leben genauso vorbereiten, wie wir eine Predigt vorbereiten.

Folgendes können wir tun, um zu wachsen:

Lies die Bibel, um dich mit ihr vertraut zu machen

Es ist so einfach, dass wir es fast übersehen könnten: lies für den Rest deines Lebens jeden Tag in der Bibel. Je mehr du liest, umso mehr wirst du dich in ihr auskennen. Je mehr du dich auskennst, umso eher wird der Heilige Geist Dinge miteinander verbinden, um dir etwas beizubringen.

Lies die Bibel, um dich mit ihr vertraut zu machen, nicht unbedingt, um sie zu verstehen. Viele denken, sie müssen verstehen, was sie lesen und wenn sie an eine Stelle kommen, die ihnen Kopfzerbrechen bereitet, hören sie auf. Stattdessen solltest du einfach weiterlesen und dir nicht zu viele Gedanken darüber machen. Irgendwann wirst du es verstehen und kannst dich auch später näher mit der fraglichen Sache auseinandersetzen. Vor allem ist es wichtig, dass du dich mit der ganzen Bibel vertraut machst, selbst mit den Stellen, die du nicht verstehst. Dann weißt du wenigstens, welche Fragen dazu gestellt werden können.

Du solltest einen Leseplan haben, eine Gewohnheit, der du täglich folgst. Wenn du das tatsächlich so umsetzt, wirst du dich bald sehr gut in der Bibel auskennen. Das wird sich sehr positiv auf dein Leben und von dort aus auf deine Predigten auswirken.

Die Art von Leseplan hängt davon ab, wie du gestrickt bist. Jeder ist anders. Manche sind sehr systematisch, andere nicht. David konnte mit Sauls Rüstung nichts anfangen. Er führte eine Schlacht gegen Goliath, doch er musste sie auf seine Weise führen. Es gibt keine festen Vorgaben, deshalb kannst du selbst eine Strategie finden, die für dich funktioniert.

Ich sage das, weil ich schon die unterschiedlichsten Systeme ausprobiert habe, aber keines davon wirklich für mich funktioniert hat. So habe ich zum Beispiel versucht, in einem Jahr durch die Bibel zu lesen, doch manchmal habe ich nicht alles geschafft und hinkte hinterher. Das war frustrierend.

Ich mache es wie folgt: Morgens, wenn ich aufgestanden bin, lese ich im Neuen Testament. Abends vor dem Schlafen im Alten. So verbringe ich jeden Tag Zeit in beiden Teilen der Bibel. Der Heilige Geist kann etwas von meiner Morgenlese mit einer Sache aus der Abendlese verbinden oder andersrum. Ich benutze Lesezeichen, so finde ich immer zurück an die richtige Stelle. Wenn ich mit der Offenbarung fertig bin, fange ich beim nächsten Mal wieder mit Matthäus an, wenn ich mit Maleachi fertig bin, kommt wieder 1. Mose.

Wenn du dieses System nimmst und täglich jeweils drei Kapitel morgens und abends liest, hast du innerhalb von einem Jahr zweimal das Alte Testament durchgelesen und dreimal das Neue. Nach zehn Jahren hättest du zwanzigmal das AT gelesen und dreißigmal das NT gelesen. Glaubst du nicht auch, dass du dich spätestens an dem Punkt besser in der Bibel auskennst?

Wenn du bereits einen Leseplan hast, dann bleib dabei. Wenn nicht, dann probiere meinen mal aus und schneide ihn auf deine Bedürfnisse zu. So hat meine Frau z.B. festgestellt, dass sie fast sofort einschlief, wenn sie abends im Alten Testament gelesen hat. Das störte sie, also tauschte sie das AT mit dem NT. Ich glaube, das kannst du flexibel angehen. Spiele ein wenig mit diesem System, bis du für dich eine Methode gefunden hast, mit der du regelmäßig in der Bibel liest.

Du musst dir schon fest vornehmen, die Bibel besser kennenzulernen. Auch die längste Reise fängt mit dem ersten Schritt an. Und je vertrauter du mit der Bibel bist, umso mehr wirst du in deinem Leben und in deinen Predigten wachsen.

Studiere, um dein Wissen zu vertiefen

Du wirst dein Wissen vertiefen, indem du dir Zeit zum Bibelstudium nimmst. In diesem Rahmen wirst du den Text genau durchlesen, dir Fragen zum Text stellen, Wörter nachschlagen, Nachschlagewerke zur Hilfe ziehen und Antworten auf deine Fragen bekommen. Je mehr du lernst, umso mehr wirst du geistlich wachsen, und das wird sich auf deine Predigt auswirken.

Folgende Dinge werden dir im Bibelstudium von Nutzen sein: Ein Wörterbuch in deiner eigenen Sprache, eine

Konkordanz, ein Bibellexikon, eine Enzyklopädie. Ich finde das Wörterbuch besonders hilfreich. Lehrer wollen Ideen und Vorstellungen vermitteln. Dazu verwenden sie Worte. Wenn wir nicht wissen, was ein Wort bedeutet, können wir den dahinterstehenden Gedanken nicht vermitteln. Wir müssen auch anderen dabei helfen, diese Worte zu verstehen. Die Menschen können nur richtig denken, wenn sie das passende Vokabular dafür haben. So ist ein Teil unserer Aufgabe, die richtigen Worte zu benutzen und sicherzustellen, dass die Menschen mithilfe dieser Worte das Konzept verstehen. Menschen, die ein Wörterbuch schreiben, arbeiten hart daran, ein Wort möglichst punktgenau und klar verständlich zu definieren. Sie weisen auf Synonyme hin, das sind Worte mit derselben Bedeutung, und sie zeigen auch die feinen Unterschiede innerhalb dieser Wortfamilie. Wörterbücher nehmen uns sehr viel Arbeit ab. Mit einer Wörterbuch-App kannst du viele Wörter ohne Umwege nachschlagen.

Ich wusste zwar, dass ich dazu berufen bin, die Bibel zu lehren, doch hatte ich keine Ahnung, wie ich sie studieren konnte. Dazu reichten meine natürlichen Fähigkeiten nicht aus. Ich musste wachsen, doch die Frage war, wie? So bin ich auf das Buch „Bibellesen mit Gewinn" von Howard Henricks und William Hendricks gestoßen. Bevor er dieses Buch schrieb, lehrte Howard die Bibel schon seit über 40 Jahren am Theologischen Seminar Dallas. Es gibt kein besseres Buch, mit dem man das Bibelstudium erlernen kann. Kauf es dir! Dann kannst du mein Buch weiterreichen, um jemandem, der sich von Hendricks Buch vielleicht eher abschrecken lassen würde, bei den ersten Schritten zu helfen.

Meditiere, um im Verständnis zu wachsen

Meditation heißt, tiefgründig über etwas nachzudenken, um es verstehen zu können. Sie ist der letzte Schritt in dem Prozess, die Bibel in sich aufzunehmen.

Mediation ist wie das Verdauen von Nahrung. Wir stecken uns etwas zu Essen in den Mund, kauen es und genießen den Geschmack. Wenn wir es heruntergeschluckt haben, wandert es in den Magen, wo es von Säuren und Enzymen in seine verschiedenen Bestandteile aufgeteilt wird: Glukose (Zucker), Fette, Aminosäuren (Proteine), Vitamine. Anschließend resorbiert unser Körper die Komponenten (Aminosäuren werden zu Proteinen, Fette werden eingelagert, Einfachzucker wird zu Treibstoff, Mineralien gehen in die Knochen) und die Abfallprodukte werden beseitigt. Unsere Nahrung wird ein Teil von uns.

Wenn wir die Bibel lesen und studieren, ist das wie Nahrungsaufnahme. Wir zerteilen die Sätze in Worte und schlagen sie nach, um ihre Bedeutung zu ergründen. Es ist mit dem Kauen unseres Essens zu vergleichen. Unsere Meditation ist wie der Verdauungsprozess: Wir nehmen Gottes Wort auf und machen es zu einem Teil unseres Lebens, unserer Gedanken, unserer Gefühle, unseres Willens und unserer Entscheidungen.

Wenn wir nicht Meditieren, ist es so, als würden wir das Essen erst kauen und dann wieder ausspucken. Was würde mit uns passieren, wenn wir das so machen würden?

Meditation ist so wichtig, dass wir ihr ein ganzes Kapitel widmen werden.

Bete, um Gemeinschaft mit Gott zu haben

Ich halte mich eigentlich nicht dafür geeignet, vom Beten zu schreiben, weil ich nicht denke, dass ich ein große Beter bin.

Ich bin jedoch davon überzeugt, dass Gebet eine Notwendigkeit ist und klemme mich mehr dahinter als je zuvor.

Hierbei handelt es sich um einen der Bereiche, über die ich noch nicht besonders viel Hilfe in Büchern erfahren konnte, obwohl ich jedes Buch über Gebet in meiner Bibliothek gelesen habe und immer wieder auf der Suche nach weiteren bin.

Ich glaube, es gibt gegen das Gebet einen starken geistlichen Widerstand. Der Teufel will nicht, dass wir beten; ein Grund dafür ist, dass uns ein vernachlässigtes Gebetsleben persönlich schaden wird. Wir verpassen etwas von der Gemeinschaft mit Gott und davon, Sein Leben, Seine Weisheit, Seinen Frieden, Seine Perspektive auf das Leben und den Dienst zu empfangen. Dürftiges Beten wird andere in Mitleidenschaft ziehen, Gottes Werk erschweren und letztendlich sogar dem Teufel Gelegenheiten öffnen, gegen Gott vorzugehen.

Doch wenn wir beten, wird der Teufel getroffen, sein Werk wird getroffen, Menschen erleben Befreiung und Erneuerung und Gottes Reich wird vergrößert.

Nachdem ich schon lange Zeit versuchte zu beten, fand ich eine großartige Definition vom Gebet, als ich in der „Living Bible" las, eine Bibelübersetzung in modernem Englisch. Ich las Daniel 6 und in den Versen 11-12 heißt es: „Und obwohl Daniel davon wusste, ging er nach Hause und kniete sich wie sonst auch im oberen Stockwerk seines Schlafzimmers, mit geöffneten Fenstern, die Richtung Jerusalem zeigten, und betete drei Mal täglich, wie es immer seine Gewohnheit war, und dankte Gott. Dann stürmten die Männer in Daniels Haus und fanden ihn, wie er betete und ihn anflehte."

Mir fiel auf, dass Gebet für Daniel nicht kompliziert war. Es bestand aus Danken und Bitten.

Danksagung und Lob gibt uns Schutz

Wenn dir jemand etwas Gutes tut, ist es nur recht, wenn du dich bei ihm bedankst. Ansonsten ist es so, als würden wir den, der uns etwas Gutes getan hat, beleidigen.

Wenn das schon bei Menschen der Fall ist, dann erst recht bei Gott. Denke daran, dass Gott alles gut gemacht hat. Wir sind von Gottes Güte umgeben. Sind wir uns Seiner Güte bewusst und würdigen wir sie mit Danksagungen?

Laut Paulus in Römer 1, 20-21 ist das einer der ersten Schritte auf dem Weg, der von Gott weg führt.

„Denn sein unsichtbares Wesen, nämlich seine ewige Kraft und Gottheit, wird seit Erschaffung der Welt an den Werken durch Nachdenken wahrgenommen, so dass sie keine Entschuldigung haben. Denn obgleich sie Gott erkannten, haben sie ihn doch nicht als Gott geehrt und ihm nicht gedankt, sondern sind in ihren Gedanken in nichtigen Wahn verfallen, und ihr unverständiges Herz wurde verfinstert."

Wir müssen darauf achten, Gott regelmäßig zu danken, denn es ist äußerst unchristlich, Gott keinen Dank zu opfern. Undankbarkeit ist der erste Schritt weg von Gott, sowie Dankbarkeit der erste Schritt zu Gott hin ist: „Geht ein zu seinen Toren mit Danken, zu seinen Vorhöfen mit Loben; dankt ihm, preist seinen Namen!" (Psalm 100, 4).

Wir können Gott für alles und jeden danken, sogar für Dinge, die wir nicht mögen oder nicht gut finden. So wie Paulus in Epheser 5, 20 sagt: „Sagt allezeit Gott, dem Vater, Dank für alles, in dem Namen unseres Herrn Jesus Christus."

Es hört sich vielleicht verrückt an, Gott für Dinge zu danken, die wir nicht gut finden. Aber ich habe es einmal ausprobiert. Ich fand meinen Dienst äußerst frustrierend und konnte nur an Dinge denken, die schief gelaufen waren. Ich wurde mir meines dürftigen Gebetslebens bewusst und fasste den Entschluss, mit dem Beten anzufangen, indem ich dankte. Ich dachte bei mir: „Danken? Wofür?" Dann fiel mir der obige Vers aus Epheser 5 ein und ich dankte Gott für alles, was ich für gescheitert hielt. Ich spürte, wie die ganze Anspannung meinen Körper verließ. Ich hatte Frieden.

Es dauerte eine Weile, bis ich herausbekommen hatte, wie ich Gott danken und Frieden über Dinge haben konnte, mit denen ich nicht glücklich war. Später las ich: „Wir wissen aber, dass denen, die Gott lieben, alle Dinge zum Besten dienen, denen, die nach dem Vorsatz berufen sind" (Römer 8, 28). Mir wurde klar, dass Gott uns die guten Dinge zum Besten dienen lässt und dass Er uns auch alle hässlichen, stinkenden, gammeligen Dinge zum Guten dienen lässt. Ich kann Gott für diese Sache, die ich nicht mag, danken, weil Er sie mir zum Guten dienen lassen wird und mehr als das muss ich nicht wissen. Ich kann Ihm jetzt im Glauben und Vertrauen danken. Ich kann Gott für alles danken und Frieden darüber haben, weil Er gut ist und mir alle Dinge zum Besten dienen werden.

Danken ist mir deshalb so wichtig geworden, weil ich so die richtige Perspektive auf das Leben behalte. Ansonsten würde ich Gott nicht in allem sehen können. Ich würde das, was Gott tut, verpassen. Dann wäre ich nicht anders als ein Atheist. Ich möchte sicherstellen, dass ich das Gute, das Gott tut, bemerke und Ihm dafür danke.

In meinem Gebetskreis setze ich immer eine Zeit an, in der wir Gott ganz bewusst Danke sagen. Wir wollen nicht mit der Tür ins Haus fallen und für alles Mögliche bitten, obwohl auch das eine wichtige und gute Sache ist. Zuerst wollen wir an alles Gute denken, was Gott tut und es so gut wir können würdigen.

Dann wollen wir Gott um Seine Gunst bitten

Nachdem wir Ihm gedankt haben, können wir Ihn bitten. Wir können Ihn bitten, Seinen Willen auf der Erde geschehen zu lassen, so wie Er es im Himmel tut. Wir werden mit weitaus mehr Glauben bitten können, auf Seine riesige Güte vertrauend, weil wir wissen, dass Gott „über die Maßen mehr zu tun vermag, als wir bitten oder verstehen, gemäß der Kraft, die in uns wirkt" (Epheser 3, 20).

Daniel hatte um Gottes Gefälligkeit oder Gunst gebeten. Eine Gunst ist eine Tat des Wohlwollens, über das übliche, zu erwartende Maß hinaus. So wie wir sagen: „Ich möchte dich um einen Gefallen bitten." Wir verdienen überhaupt nichts von Gott. Alle Seine Gaben entspringen Seiner Gnade. Es lässt sich also auch so ausdrücken: Was möchte Gott tun? Das ist der Punkt, an dem ich das Motto „Nicht mein Wille geschehe, sondern Deiner" in die Tat umsetzen kann.

Himmlischer Vater. Ich möchte bekennen, dass mir alles andere leichter fällt, als zu Dir zu beten. Es tut mir leid, dass irgendetwas tief in meinem Innern nicht zu Dir beten möchte. Ohne Dich kann ich nicht geistlich sein. Bitte bewirke in mir, Dich mit meinem ganzen Herzen, meiner ganzen Seele und meinem ganzen Verstand zu lieben und hilf mir zu beten. In Jesu Namen. Amen.

Das nächste Kapitel handelt von einer großen Hilfe für das Gebet.

9. Meditation in der Bibel

Die Meditation hat einen so hohen Stellenwert, dass wir uns damit abseits vom Lesen, Studieren und Beten beschäftigen wollen. Es ist etwas, das Gott gemacht hat, damit unsere Erkenntnis von Ihm wachsen kann und unser Leben mit Ihm immer gefestigter wird. Der Unterschied eines Lebens mit und ohne Meditation ist noch stärker als der zwischen Tag und Nacht, eher buchstäblich wie zwischen Tod und Leben.

In der Hauptsache geht es bei der Meditation um Folgendes: Unser Leben wird das hervorbringen, was wir in unser Leben hineingelassen haben. Wenn wir Gottes Wahrheit in uns aufnehmen, wird unser Leben verändert. Wir werden häufiger erfolgreich aus einer Sache hervorgehen und Anteil am ewigen Leben haben. Möchtest du mehr darüber erfahren? Das steht alles in Psalm 1.

1 Wohl dem, der nicht wandelt nach dem Rat der Gottlosen, noch tritt auf den Weg der Sünder, noch sitzt, wo die Spötter sitzen,

2 sondern seine Lust hat am Gesetz des Herrn und über sein Gesetz nachsinnt Tag und Nacht.

3 Der ist wie ein Baum, gepflanzt an Wasserbächen, der seine Frucht bringt zu seiner Zeit, und seine Blätter verwelken nicht, und alles, was er tut, gerät wohl.

4 Nicht so die Gottlosen, sondern sie sind wie Spreu, die der Wind verweht.

5 Darum werden die Gottlosen nicht bestehen im Gericht,
noch die Sünder in der Gemeinde der Gerechten.
6 Denn der Herr kennt den Weg der Gerechten; aber
der Weg der Gottlosen führt ins Verderben.

Wohl dem

In diesem Psalm geht es ums Glücklichsein. Das ist die hebräische Bedeutung des Wortes „wohl".

Es gibt eine Art von Glück, die man empfindet, wenn etwas
einen guten Ausgang genommen hat. Dieses Glück ist abhän-
gig von den Umständen. Wenn ich zum Beispiel im Lotto
gewinnen würde, dann wäre ich glücklich, weil ich um eine
Menge Geld reicher wäre. Oder wenn man mir das Geld
stehlen würde, dann wäre ich unglücklich.

Die Bibelübersetzer entschieden sich für das Wort „wohl",
weil es nicht von den Umständen abhängt, sondern von Gottes
Vermögen, uns alle Umstände zum Guten dienen zu lassen.
Wie ich bereits sagte, gilt das für alles, was wir „gut" finden
und auch für alles, was wir „schlecht" finden. Gott lässt uns
alle Dinge zum Guten dienen, das heißt also, dass wir niemals
verlieren werden. Es wird alles gut werden. Gott hat es so
gesagt.

Es ist jedoch möglich, sein Leben so zu führen, als gäbe es
noch andere Möglichkeiten, sein Glück zu finden und deshalb
den Gott der Bibel außer acht zu lassen. Gottlose Menschen
wählen diesen Weg. Und sie ermuntern andere Menschen
dazu, ebenso zu denken und so zu leben, als gäbe es andere
Götter und andere Möglichkeiten, sie glücklich zu machen.

In Psalm 1 steht, dass es keine andere Möglichkeit geben
wird. Diese anderen Wege verheißen Glück, enden jedoch in
Enttäuschung.

Wenn du dem Rat der Gottlosen folgst (der da lautet: Finde dein Glück auf deine Weise, ohne den Gott der Bibel), gerätst du auf den Weg der Sünder; jener, die auf dem falschen Weg unterwegs sind. Und der endet da, wo die Spötter sitzen; jene, die andere hochmütig verachten. Dieser Weg ist eine Sackgasse.

Was man auf dem Weg der Gottlosen nicht findet, ist Zufriedenheit. Es gibt keinen Frieden für sie, keine Freude. Die Versprechungen für die Gottlosen erfüllen sich nicht, denn sie stellen sich als Lügen heraus. Es gibt nur Enttäuschungen, aber keine Erfüllung. Ihr Weg führt weg vom Licht, vom Leben und vom Glück.

Sondern seine Lust hat am Gesetz des Herrn

Wer auf das Gesetz des Herrn hört, wird Freude haben, weil nämlich das Wort des Herrn wahrhaftig ist. Die Verheißungen Gottes sind erfüllt worden. Er kann nicht lügen. Und deshalb erlebt der, der auf das Gesetz des Herrn hört, wahre Erfüllung und Freude. Dieser Mensch geht auf dem richtigen Weg und wird am richtigen Ort ankommen.

Und über sein Gesetz nachsinnt Tag und Nacht

Wer auf das Gesetz des Herrn hört, füllt sich damit und denkt andauernd darüber nach. Gleichzeitig hört er den Gottlosen nicht zu, wenn sie von ihrem Glück erzählen, das nichts mit dem Gott der Bibel zu tun hat. Er füllt sich mit dem einen und lehnt das andere ab.

Es wäre doch eine befremdliche Sache, wenn man bei manchen Dingen auf den Herrn hört und bei anderen Dingen auf den Teufel. Das ist, als würde man ein Essen zu sich nehmen, dem Gift untergemischt wurde und sagen: „Naja, das Meiste davon ist doch in Ordnung." Wir können nicht zwei Wege zur selben Zeit beschreiten. Wenn wir auf Gottes Weg gehen, dann werden wir auch in jeder Hinsicht den ganzen Weg gehen.

Die Grundlage Seines Weges muss mit Gottes Wort gefüllt sein.

Da sprach Jesus zu den Juden, die an ihn glaubten: Wenn ihr in meinem Wort bleibt, so seid ihr wahrhaftig meine Jünger. Johannes 8, 31

Wenn ihr in mir bleibt und meine Worte in euch bleiben, so werdet ihr bitten, was ihr wollt, und es wird euch zuteilwerden. Johannes 15, 7

Was ihr nun von Anfang an gehört habt, das bleibe in euch! Wenn in euch bleibt, was ihr von Anfang an gehört habt, so werdet auch ihr in dem Sohn und in dem Vater bleiben. 1. Johannes 2, 24

Lasst das Wort des Christus reichlich in euch wohnen in aller Weisheit; lehrt und ermahnt einander und singt mit Psalmen und Lobgesängen und geistlichen Liedern dem Herrn lieblich in eurem Herzen. Kolosser 3, 16

Die Verheißungen der Meditation

Wir werden uns jetzt anschauen, was dabei herauskommt, wenn wir mit dem Wort Gottes gefüllt sind.

Der ist wie ein Baum. Ich kenne niemanden, der jemals ein Baum sein wollte! Was ist also daran so wichtig, ein Baum zu sein? Es hängt davon ab, was du jetzt im Moment bist.

Es spricht eine Stimme: Verkündige! Und er sprach: Was soll ich verkündigen? »Alles Fleisch ist Gras und alle seine Anmut wie die Blume des Feldes! Das Gras wird dürr, die Blume fällt ab; denn der Hauch des Herrn hat sie angeweht. Wahrhaftig, das Volk ist Gras! Das Gras ist verdorrt, die Blume ist abgefallen; aber das Wort unseres Gottes bleibt in Ewigkeit!« Jesaja 40, 6-8

Alles Fleisch ist Gras. Es ist nicht von Dauer, nicht stark. Heute hier, morgen verschwunden.

Wer aber meditiert, der wird wie ein Baum sein. Das heißt stark, tief verwurzelt, langlebig, fruchttragend; alles Dinge, die auf Gras nicht zutreffen.

Was bräuchte es, um Gras in einen Baum zu verwandeln? Es müsste von innen nach außen vollständig erneuert werden. Das kann der Mensch nicht tun, aber Gott kann es.

Und passt euch nicht diesem Weltlauf an, sondern lasst euch [in eurem Wesen] verwandeln durch die Erneuerung eures Sinnes, damit ihr prüfen könnt, was der gute und wohlgefällige und vollkommene Wille Gottes ist. Römer 12, 2

Wenn wir über Gottes Wort meditieren (nachsinnen), erneuern wir unsere Sinne. Wir werden von Menschen, die Gott nicht glauben, in Menschen verwandelt, die Gott glauben und erkennen, dass Gott für sie am Werk ist.

Gepflanzt an Wasserbächen. Gepflanzt bedeutet weit mehr als ein Baum, der im Boden steckt. Damit ist die Versorgung im Überfluss gemeint. Ein Baum braucht Erde. Er wird in reichlich Erde eingepflanzt, in einen ganzen Planeten. Ein Baum braucht Kohlendioxid. Unsere ganze Erdatmosphäre ist mit Kohlendioxid gefüllt. Das ist für einen Baum mehr als genug. Ein Baum braucht Sonnenlicht. Die Sonne bietet mehr davon als der Baum je brauchen wird. Ein Baum braucht Wasser. Der Vers spricht von ganzen Wasserbächen. Nicht nur einer, sondern unerschöpflich viel Wasser für den Baum.

Wasser ist in der Bibel ein Symbol für den Heiligen Geist. Davon hat Jesus gesprochen.

Aber am letzten, dem großen Tag des Festes stand Jesus auf, rief und sprach: Wenn jemand dürstet, der komme zu mir und trinke! Wer an mich glaubt, wie die Schrift gesagt hat, aus seinem Leib werden Ströme lebendigen Wassers fließen. Das sagte er aber von dem Geist, den die empfangen sollten, welche an ihn glauben; denn der Heilige Geist war noch nicht da, weil Jesus noch nicht verherrlicht war. Johannes 7, 37-39

Hast du dich jemals gefragt, wie der Heilige Geist aus deinem Herzen fließen kann? Es passiert, wenn du dich mit Gottes Wort füllst.

Der Geist ist es, der lebendig macht, das Fleisch nützt gar nichts. Die Worte, die ich zu euch rede, sind Geist und sind Leben. Johannes 6, 63

Denn das Wort Gottes ist lebendig und wirksam und schärfer als jedes zweischneidige Schwert, und es dringt durch, bis es scheidet sowohl Seele als auch Geist, sowohl Mark als auch Bein, und es ist ein Richter der Gedanken und Gesinnungen des Herzens. Hebräer 4, 12

… denn ihr seid wiedergeboren nicht aus vergänglichem, sondern aus unvergänglichem Samen, durch das lebendige Wort Gottes, das in Ewigkeit bleibt. 1. Petrus 1, 23

Bäume sind lebende Wasserpumpen. Sie pumpen täglich bis zu 1900 Liter Wasser aus ihren Blättern. Aber dabei handelt es sich um Wasserdampf, sanft und erfrischend, nicht wie ein Wasserschlauch bei der Feuerwehr, dessen Strahl einen Menschen umwerfen kann. Wenn du meditierst und dein Leben mit Gottes Wort füllst, wirst auch du die sanfte Erfrischung des Heiligen Geistes spüren. Und nicht nur du, sondern auch andere um dich herum.

Der seine Frucht bringt zu seiner Zeit. Wir alle möchten für Jesus Frucht tragen. Hier steht, dass wir ganz natürlich

Frucht tragen werden, wenn wir in Gottes Wort meditieren. Die Frucht ist nicht für den Baum, sondern für andere. Ein Baum isst nicht seine eigene Frucht. Daraus lernen wir, dass wir nicht erschöpft werden können, wenn wir anderen von uns geben. Wir lernen, was auch immer wir vom Herrn empfangen, davon gibt es noch viel mehr.

Und seine Blätter verwelken nicht. Die Bäume bekommen ihre Energie direkt aus den Himmeln. Mit ihren Blättern verwandeln sie Sonnenlicht in Stärke, von der sie ihre Nährstoffe erhalten. Sonne gibt es reichlich. Und die Blätter werden nicht verwelken. Der Baum, der uns beschreibt, ist ein Immergrün. Wir werden jederzeit alles, was wir brauchen, vom Herrn empfangen können.

Und alles, was er tut, gerät wohl. An dieser Stelle hört der Autor des Psalms auf, von Bäumen zu sprechen. Er sagt, alles, was ein Meditierender tut, wird gelingen. Ist das zu viel versprochen?

Ein Meditierender wird deshalb Gelingen haben, weil er über den Willen Gottes meditiert. Wir werden das tun, worum sich unsere Gedanken kreisen. Folgendes hat Gott Josua verheißen:

> Sei stark und mutig! Denn du sollst diesem Volk das Land als Erbe austeilen, von dem ich ihren Vätern geschworen habe, dass ich es ihnen gebe. Sei du nur stark und sehr mutig, und achte darauf, dass du nach dem ganzen Gesetz handelst, das dir mein Knecht Mose befohlen hat. Weiche nicht davon ab, weder zur Rechten noch zur Linken, damit du weise handelst überall, wo du hingehst! Lass dieses Buch des Gesetzes nicht von deinem Mund weichen, sondern forsche darin Tag und Nacht, damit du darauf achtest, alles zu befolgen, was darin geschrieben

steht; denn dann wirst du Gelingen haben auf deinen Wegen, und dann wirst du weise handeln! Josua 1, 6-8

Gott hat Josua einen Auftrag gegeben, den nicht mal Mose erfüllen konnte: Das Volk Israel in das verheißene Land zu bringen.

Der Schlüssel zum Erfolg dieses Unterfangens war, dass Josua das Gesetz des Moses befolgen sollte.

Und damit er sich daran halten konnte, sollte Josua das Gesetz Tag und Nacht erforschen (darin meditieren). Dann würde er das Gesetz befolgen und dann würde er erfolgreich sein können.

Die biblische Lebensweise ist also das Meditieren über Gottes Willen. Dann werden wir Seinen Willen tun und dann werden wir in allem, was wir tun, Gelingen haben, weil wir darauf vertrauen, dass Gott Seinen Willen tun wird. Wenn wir Gott nicht gehorchen, meditieren wir nicht über Seinen Willen. Wir füllen uns nicht mit Seinem Wort. Das ist also der Punkt, an dem wir uns korrigieren müssen.

Es ist Gott sehr daran gelegen, Seinen Willen zu tun. Wenn wir das tun, was Er will, wird Er durch uns wirken.

Das ist das wahre Wort des Glaubens, die wahre Art, wie Gott uns Gelingen schenkt: wenn wir über Sein Wort meditieren und danach leben.

Die Warnungen der Meditation

Der Autor schreibt auch von den Konsequenzen, wenn man nicht in Gottes Wort meditiert.

Die Gottlosen sind wie Spreu. Spreu bezeichnet die äußere Hülle eines Weizenkorns. Es muss entfernt werden, um Weizen in Mehl zu mahlen. Man kann es nicht essen - es ist für nichts gut. Es ist leichter als das Weizenkorn und wird schnell vom Wind weggetragen. Es war einst lebendig, aber jetzt ist es leblos und verbrennt sehr schnell.

Menschen, die von Gott kein Leben empfangen haben, sind zwar noch äußerlich lebendig, aber sie haben kein inneres Leben. Wenn der Wind des Gerichts kommen wird, werden sie für immer von Gott getrennt sein.

Weder die Gottlosen noch die Sünder werden bestehen. Den ersten Teil verstehen wir: natürlich werden die Gottlosen im kommenden Gericht nicht bestehen. Aber sie werden auch nicht in der gegenwärtigen Versammlung der Gerechten bestehen können, weil die Gerechten von Gott das Leben empfangen und sie empfangen es, weil sie in Seinem Wort sind. Sie können geben, weil sie zur rechten Zeit Frucht tragen. Die ganze Gemeinde kann einander in Liebe geben. Der Leib Christi dient einander und baut einander auf. Wenn ein Ungläubiger in eine Gemeinde kommt, wird das ganz anders sein. Er wird nicht geben können. Er ist nicht mit Gott verbunden. Ungläubige bedienen sich am Leben, aber sie geben kein Leben. So wie in 1. Johannes 3, 14-16 steht:

Wir wissen, dass wir aus dem Tod zum Leben gelangt sind, denn wir lieben die Brüder. Wer den Bruder nicht liebt, bleibt im Tod. Jeder, der seinen Bruder hasst, ist ein Mörder; und ihr wisst, dass kein Mörder ewiges Leben bleibend in sich hat. Daran haben wir die Liebe erkannt, dass Er sein Leben für uns hingegeben hat; auch wir sind es schuldig, für die Brüder das Leben hinzugeben.

Ein Mörder ist jemand, der Leben nimmt. Er kann ein Leben schnell nehmen, mit einem Messer oder einer Pistole. Ein Mörder kann ein Leben aber auch langsam nehmen, immer ein Stückchen, indem er auf seinen eigenen Weg besteht. Es dauert viel länger, auf diese Weise zu töten, aber es wird auch zum Tod führen.

Ein „Nehmer" wird in der Gemeinde voller Geber schnell zu erkennen sein. Nach einer Weile wird die Gemeinde bemerken, dass der sogenannte Bruder Geld borgt, dass er sein Glück bei den Schwestern sucht, Streit vom Zaun bricht und sich einfach nicht verhält wie jemand, der wiedergeboren ist. Nach einer gewissen Zeit wird es offensichtlich. Ein Mensch kann wie ein Christ reden und die richtigen Dinge sagen, aber es ist schwierig, das Leben eines Christen nachzuahmen, weil ein Christ sein Leben für die Glaubensgeschwister niederlegen kann, aber ein Ungläubiger kann das nicht. Er weiß nur, wie man Leben nimmt, ob schnell oder langsam. Er muss entweder Buße tun und an Jesus glauben oder die Gemeinde verlassen.

Eine gesunde Gemeinde sollte Wölfe und Menschen, die sich als Gläubige ausgeben, erkennen können und dafür sorgen, dass sie nicht unbehelligt in der Gemeinde bleiben können. Hananias und Saphiras dürfen nicht unbemerkt in unseren Gemeinden leben können.

Der Aufruf zur Entscheidung

Psalm 1 hört mit einem Kontrast auf. Der Weg der Gottlosen führt ins Verderben. Es ist eine Sackgasse. Gott wird nicht zulassen, dass solche, die Ihn ablehnen, in ihrer Lebenszeit immer weiter machen. An irgendeinem Punkt wird Gott den Weg der Gottlosen beenden.

Der Herr kennt den Weg der Gerechten. Damit ist mehr gemeint, als die einfache Kenntnis darüber, wo sie gerade was tun. Es bedeutet, dass Gott sehr tief mit dem Leben dieser Menschen verwoben ist. Sie befinden sich auf Seinem Weg und Er versteht ihre Schritte auch dann, wenn sie es nicht tun. Er ist von Anfang an dabei und wird sie bis zum Ende sicher führen.

Hier haben wir Leben und Tod. Mit Gott zu leben und Ihn zu kennen, ist das wahre Leben. Jesus sagt: „Das ist aber das ewige Leben, dass sie dich, den allein wahren Gott, und den du gesandt hast, Jesus Christus, erkennen" (Johannes 17, 3).

Ohne Gott zu leben bedeutet den Tod. Das kann nur mit einem totalen Untergang enden, so drückt es Jesus in Markus 8, 36 aus:

Denn was wird es einem Menschen helfen, wenn er die ganze Welt gewinnt und sein Leben verliert?

Welchen Weg wählst du? Was möchtest du sein; Gras oder Baum? Wenn du wie Gras sein willst, dann brauchst du gar nichts zu tun. Wenn du wie ein Baum sein willst, dann kannst du sehr wohl etwas tun: Lehne den Ratschluss der Gottlosen ab und meditiere Tag und Nacht im Wort Gottes.

Alles Weitere wird sich daraus ergeben.

Wie du in Gottes Wort meditieren kannst

Beim Lesen nehmen wir sehr viele Verse in uns auf, ohne uns weiter Gedanken darüber zu machen. Wenn wir Meditieren, nehmen wir uns eine kleine Portion von Versen vor, die wir durch und durch verstehen wollen. Darum geht es bei der Meditation.

Wähle ein Buch aus. Zu allererst suchst du dir ein Buch in der Bibel aus, in dem du meditieren möchtest. Die schlechte Nachricht lautet, dass die Bibel viel zu dick ist, um sie von vorne bis hinten durch zu meditieren. Die gute Nachricht lautet jedoch, dass du sehr wohl etliche Bücher schaffen wirst. Fange mit dem ersten Vers des Buches an und meditiere durch das ganze Buch bis zum Ende. Wenn du damit fertig bist, nimmst du dir ein anderes vor. Bete und frage Gott, welches Buch Er wohl für dich wählen würde. Nimm das erste, was Er dir aufs Herz legt und fang an. Bei mir waren es die Sprüche. Ich dachte, es würde ewig dauern, es Vers für Vers durchzugehen. Doch es waren nur zehn Jahre, weil ich nicht sehr konsequent war, gab es viele Unterbrechungen. Wenn ich das Meditieren wieder aufnahm, machte ich da weiter, wo ich aufgehört hatte. Ich lernte, dranzubleiben und nicht aufzugeben, obwohl ich nur langsam durchkam. Ich lernte auch die Grundlagen des Bibelstudiums, weil ich ja erst einmal wissen musste, was der jeweilige Vers bedeutete, bevor ich über ihn meditieren konnte. Auch die Gewohnheit, einzelne Wörter nachzuschlagen, geht auf diese Zeit zurück. Durch die Übungen wurde es immer einfacher. Ich lernte! So lernte ich, wie ich die Bibel studieren und lehren konnte. Es war, als wäre ich in Gottes Schule und Er würde mich unterrichten. Bete einfach und frag Gott, über welchem Buch du meditieren solltest und fang an.

Nimm dir Zeit. Dies ist der zweite Schritt. Manche Menschen meditieren lieber morgens, andere später am Tag oder abends. Du wirst schon merken, wann für dich der beste Zeitpunkt ist. Es ist hilfreiche eine Zeit zu finden, in der es ruhig ist und es keine Ablenkungen gibt.

Gott sagt Tag und Nacht, also ständig. Dranbleiben ist das Ziel. So wie unser Körper Essen braucht, braucht auch unsere Seele Nahrung.

Bete, lies den Zusammenhang, schlag Wörter nach, mach dir Notizen. Der dritte Schritt lautet, Gott zu bitten, deine Meditation zu segnen und dich zu lehren.

Und dann fängst du an, über den betreffenden Vers nachzudenken. Stell dir dieselben Fragen, die du dir stellst, wenn du studierst. Ich lese den Vers immer wieder durch. Ich lese den Absatz, um den Zusammenhang zu kennen. Wenn ich weitere Fragen habe, schlage ich sie nach. Ich denke über andere Verse nach, wenn mir welche dazu in den Sinn kommen.

Ich mache mir Notizen, das hilft mir beim Denken. In „Lectures to My Students" zitiert Charles Spurgeon in Kapitel 10 M. Bautain:„Die Analyse der Gedanken, die vor den Augen des Verstandes zustande kommen, kann man nur durch Aufschreiben gut umsetzen. Der Stift ist wie ein Skalpell, das die Gedanken seziert." Ich habe gelernt, dass es mir hilft, Gedanken aufzuschreiben. Auch wenn es nur ein halber Gedanke ist, so vervollständigt er sich während des Schreibens.

Meditiere, bis du Gott eine Rückmeldung geben kannst. Ich verharre so lange bei einem Vers, bis ich ihn verstanden habe. Sich sehr lange mit demselben Vers auseinanderzusetzen, kann frustrierend sein, aber wenn ich geduldig bin, kann ich viel lernen. Einmal meditierte ich über den Begriff „gut". Ich schlug ihn im Wörterbuch nach, aber das brachte mir nichts, denn die Definition war schwach und nicht inspirierend. Ich dachte,„Das Wörterbuch lässt mich im Stich. Blödes Wörterbuch!" Dann fragte ich Gott: „Was bedeutet „gut"?" Ich hatte keine Zeit mehr und musste die Sache für den Tag ruhen lassen. Ich ging zur Arbeit.

Am nächsten Tag fragte ich Gott erneut: „Bitte bring mir bei, was „gut" bedeutet." Mir kam der Gedanke, die Bibelstelle zu finden, in der das Wort zum ersten Mal verwendet wurde. Ich war total überrascht!„Gut" kommt sieben Mal im ersten Kapitel von 1. Mose vor. Alles, was Gott gemacht hatte, war gut. Ich fing an darüber nachzudenken, wie gut Gott ist und dass alles, was Er gemacht hat, mit Seiner Güte verwoben ist. Ich sah Gottes Güte im Himmel, in den Bäumen, in der Luft, die ich atmete, sie war überall zu sehen. Ich fing an Gott zu danken und Ihn zu preisen, weil Er so gut ist und Er uns

Gutes schenkt. Ich schrieb mir alles auf, damit ich es nicht vergesse. Und wenn ich jetzt noch mal daran denke, möchte ich Gott von Neuem dafür danken, dass Er so gut ist. Ich bin so froh, dass ich durch diese Meditation ein Stückchen wachsen durfte.

Ich weiß, dass ich fertig bin, wenn ich Gott eine Art Rückmeldung oder Antwort geben kann. Manchmal, wenn mir die Bedeutung eines Verses klar wird, antworte ich dem Herrn mit Lobpreis und Dank und Anbetung. Ich wachse in meiner Anbetung und in der Fähigkeit, mich an Gott zu erfreuen.

Manchmal wird mir klar, dass ich nicht das tue, was der Vers sagt oder dass ich Gott nicht gehorche. Dann bekenne ich Gott meine Sünde und bitte darum, dass Er mich mit Jesu Blut reinigt. Das stärkt meine Beziehung mit Gott und hält mich demütig. Ich lerne, meine Sünde zu hassen und Jesus mehr zu vertrauen.

Manchmal fällt mir jemand ein, der das braucht, was ich gerade in der Meditation gelernt habe und ich bete, dass Gott diesen Menschen genau so segnet. Und dann befinde ich mich in der Fürbitte für andere Menschen.

Wohin die Richtung auch gehen mag, so antworte ich Gott im Gebet. Ich praktiziere meine Beziehung zu Gott und wachse im Glauben und Verstehen. Meine Denkweise wird verändert, weil ich nicht auf meine Art denke, sondern auf Gottes Art. So kommt das Gebet ganz von selbst, denn es resultiert aus den Eindrücken, die Gott mir aufs Herz gelegt hat.

Mach es täglich. Laut Psalm 1 sollten wir täglich Zeit mit Meditation verbringen. Du kannst mit einer kurzen Zeitspanne beginnen und diese langsam ausdehnen. Eine tägliche Gewohnheit wird uns dabei helfen, die nötige Disziplin dafür aufzubringen. Wir lernen, uns bewusst gegen Ablenkungen zu entscheiden und können uns auf das Ja zu Gott konzentrieren.

Sobald du anfängst, kannst du davon ausgehen, dass der Teufel dir einige Ablenkungsmanöver schicken wird. Vielleicht geht plötzlich vieles schief. Das ist ein Zeichen dafür, dass du auf dem richtigen Weg bist. Wenn mir auf einmal jede Menge Dinge einfallen, die ich noch zu erledigen habe, schreibe ich sie mir auf, damit ich sie nicht vergesse, bedanke mich beim Teufel, dass er mich daran erinnert hat und wende mich wieder der Meditation zu.

Wenn wir dranbleiben, werden wir eine gute Ernte einfahren. Wir pflanzen die gute Saat von Gottes Wort in uns ein und können eine Ernte der Gerechtigkeit erwarten, die am Tag des Gerichts dreißig-, sechzig- und hundertmal größer ausfallen wird. Wenn wir weder Gutes noch Schlechtes in uns säen, sondern einfach nur „Nix", dann werden wir im Leben dreißig-, sechzig- und hundertfaches „Nix" ernten. Ich kann mir kein Leben voller Nichts leisten!

Wir säen ohne Unterlass in unser Leben. Es vergeht keine Sekunde, ohne dass wir unseren Kopf mit etwas füllen. Und deshalb müssen wir darauf achten, was wir einpflanzen. Wir sollten in der Voraussicht auf das säen, was wir ernten werden.

Gib dein Wissen an andere weiter. Ich denke, du wirst merken, dass dir die Meditation gut tut. Bei mir ist es so, dass ich gar nicht mehr ohne leben möchte. Wenn du das für dich genauso empfindest, dann gib dein Wissen weiter. Wenn sich Menschen mit Gottes Wort füllen, gibt es keine Grenzen für das, was Gott mit ihnen tun wird. Der Mensch kann die Samen in einer Frucht zählen. Aber nur Gott weiß, wieviel Frucht aus einem Samen wachsen wird.

Erwarte, dass Gott dein Säen und dein Ernten segnen wird, in Jesu Namen.

10. Zusammenfassung

In meinen Anfängen als Bibellehrer brauchte ich wirklich Hilfe, um meine Fähigkeiten zu verbessern. Ich habe nie eine Bibelschule oder ein Seminar besucht. Ich hörte nur jahrelang meinem Pastor beim Predigen zu. Und dann fand ich mich selbst als Pastor wieder und ich musste die Bibel lehren. Ich hatte die Gabe des Lehrens vom Heiligen Geist bekommen und mich sehr darüber gefreut, doch es dauerte nicht lange, bis mir klar wurde, dass diese Gabe mit harter Arbeit verbunden war. Es beanspruchte mehr von mir, als ich dachte. Ich musste in meiner Fähigkeit des Studierens und Betrachtens wachsen. Ich musste als Person wachsen. Ich brauchte eine Methode und eine Art, an die Bibel heranzugehen, um die Menschen Woche für Woche mit Nahrung zu versorgen, doch ich hatte keine.

Die erste Person, die mir dabei half, war Anne Graham Lotz, in einem Buch über Evangelisation. Sie schrieb folgendes:

Wenn Sie durch die Bibel lesen, sollten Sie dabei drei Fragen im Hinterkopf behalten.

Erstens: „Was sagt diese Schriftstelle aus? Worum geht es in diesem Abschnitt?" Und Sie sollten bei diesem speziellen Aspekt Ihres Bibelstudiums so wörtlich bleiben, wie es nur möglich ist. Fassen Sie die Fakten des Textes zusammen, ohne ihn zu vergeistlichen, ohne persönliche Anwendungen aufzuführen, sondern fassen Sie einfach nur die Fakten zusammen. Halten Sie die Zusammenfassung möglichst auf einen Satz beschränkt. Das hilft dabei, sich kurzzuhalten, auf den Punkt zu kommen und die Fakten zu nennen. Was ist das Thema des Abschnitts, was wird da gesagt, was wird getan, wohin gehen sie, was passiert da? Bringen Sie dies mit in den Satz hinein, mit dem Sie den Inhalt der Schriftstelle beschreiben.

Zweitens: Fragen Sie sich: „Was sollte ein Christ durch diese Bibelstelle lernen? Welche geistliche Lektion ist darin zu erkennen?" Um diese geistliche Lektion zu finden, können Sie sich fragen: „Was machen die Menschen in dieser Bibelstelle" oder „was machen sie, was sie eigentlich nicht tun sollten?" Versetzen Sie sich in die Lage dieser Menschen und suchen Sie nach der geistlichen Lektion.

Schließlich kommen wir zur Anwendung. Für Christen, die daran gewöhnt sind, alles auf dem Löffel dargereicht zu bekommen, für die das Bibelstudium etwas Heiliges darstellt, das man nicht einfach so ins Leben übertragen kann, wird das schwierig sein. Nehmen Sie die geistliche Lektion der Bibelstelle und fassen Sie sie in einer Frage zusammen, die sie sich selbst stellen können. Fragen Sie den Herrn, was Sie als Reaktion auf diese Bibelstelle tun sollen.

Gibt es ein Beispiel, dem ich folgen sollte? Eine Sünde, die es zu vermeiden gilt? Eine Verheißung, die ich in Anspruch nehmen kann? Ein Gebet, das ich beten kann? Ein Gebot, dem es zu folgen gilt? Eine Voraussetzung, die es zu erfüllen gilt? Ein Vers zum Auswendiglernen?

Ein Fehlverhalten, das ich mir anstreichen sollte? Eine Herausforderung, der ich mich stellen sollte? Versetzen Sie sich in die Situation der Bibelstelle und Sie werden Antworten auf Ihre Fragen bekommen.[1] In der Bibel steht bereits die Botschaft, die jeder hören muss. Wir müssen diese Botschaft nur sorgfältig aus ihr herausholen und sie genauso sorgfältig weitergeben. Möge der Herr der Ernte noch mehr Arbeiter in die Ernte schicken. Du nun, mein Kind, sei stark in der Gnade, die in Christus Jesus ist. Und was du von mir gehört hast vor vielen Zeugen, das vertraue treuen Menschen an, die fähig sein werden, auch andere zu lehren. 2. Timotheus 2, 1-2

Gebet

Himmlischer Vater, danke, dass wir Dir gehören, dass Du uns berufst, ausrüstest und aussendest. Hilf uns, mit Dir zu leben, in Dir zu wachsen, Dich zu kennen. Füll uns bitte mit Deinem Heiligen Geist. Gib uns in Deiner Gnade Kraft und Fähigkeit. Hilf uns, andere zu lehren. Wir befehlen uns in Deine Hände.

Wir beten im Namen Jesu. Amen.

---

1 The Work of an Evangelist, (Minneapolis: World Wide Publications, 1984), p. 272–273

Über den Autor

Nach einigem Auf und Ab bekehrte sich Rob Dingman 1974 zu Jesus. Zuerst diente Rob als Musiker in evangelistisch ausgerichteten, christlichen Rockbands. Er und seine Frau Joanie verbrachten ein Jahr in Japan mit der „Robert Case Band". Anschließend zogen sie nach Siegen, um dort die Gemeindegründung der Calvary Chapel Siegen zu unterstützen. Seit 1997 lebt Rob mit seiner Familie (Ehefrau Joanie und ihre beiden Töchtern Holly und Katie) in England, wo sie anfangs bei Gemeindegründungen halfen. Seit 2001 leitet Rob die Calvary Chapel Twickenham. Neben der Gemeindeleitung ist es sein Anliegen, Menschen auf ihrem Weg zu begleiten und zu helfen, die Bibel zu studieren und lehren zu können.

Rob steht als Redner für Seminare und Konferenzen zur Verfügung. Seine Predigten sind auf vimeo.com und You Tube zu finden.

Rob ist unter www.calvarytw.uk zu erreichen.